MILLIONNALEMENT

CONTENU

MILLIONNALEMENT

Introduction

Pourquoi les affirmations sont importantes pour les finances

Comment utiliser efficacement les affirmations pour le millionnaire

Comment commencer

Affirmation de la mentalité millionnaire

Affirmation de la fixation du revenu

Affirmation d'attraction

Affirmation des aimants en espèces

Réclamation d'argent facile

 MILLIONNALEMENT

Conclusion

COMMENT OBTENIR UNE VRAIE LIBERTÉ FINANCIÈRE

Chapitre 1: Que signifie la liberté financière

Chapitre 2: Réalités de l'indépendance financière

Chapitre 3: Commencez votre voyage sur la voie de la liberté financière

Chapitre 4: Conseils pour assurer la réussite d'un plan d'indépendance financière

Chapitre 5: Travailler pour atteindre l'indépendance financière

Chapitre 6: Nouvelles tendances vers la gestion financière

Chapitre 7: L'argent compte

Chapitre 8: Distinguer les besoins des besoins de la vie pour atteindre la liberté financière

Chapitre 9: Organiser vos dettes pour la liberté financière

Chapitre 10: Six façons d'enseigner aux enfants l'argent et les marchés financiers

Chapitre 11: Indépendance financière des personnes âgées

Chapitre 12: Indépendance financière et planification de la retraite

Chapitre 13: La liberté a un prix

Chapitre 14: Fixer des objectifs d'indépendance financière

ROUTE VERS LE SUCCÈS FINANCIER

Prélude

Nous commençons...

 MILLIONNALEMENT

Les 5 principes pour débloquer la richesse

Cela ne peut-il jamais arriver?

À la poursuite de la richesse

Est-ce que ça vous est arrivé?

L'échelle du succès

Formule pour le succès

Les étapes de base

Étapes vers la richesse personnelle

Atteindre son objectif

Les clés du succès

Le pouvoir des pensées

Facteurs à l'origine de l'inertie

Le facteur de risque

À éviter

Les erreurs inévitables

 MILLIONNALEMENT

La loi du succès

Il est temps d'apprendre qui vous êtes

Le besoin de changement

Comprendre l'échec

Le but final

Ouvrir la voie du succès

La loi de la prospérité

Le pouvoir des mots

Le pouvoir de l'amour inconditionnel

Sentiments finaux

MILLIONNALEMENT

 MILLIONNALEMENT

MILLIONNALEMENT

LIVRE 1

 MILLIONNALEMENT

MILLIONNALEMENT

 MILLIONNALEMENT

Introduction

Les individus riches pensent différemment de la classe moyenne et des pauvres, dans tous les aspects de la vie, mais surtout lorsqu'il s'agit d'argent. Les riches pensent et agissent d'une certaine manière, ce qui les amène à avoir une attitude de richesse, de croyances et de positions qui produisent la fortune.

Ces nouvelles attitudes s'accompagnent de nouvelles options et, par conséquent, cela va produire une cascade d'opportunités pour eux, où ils obtiendront tout le temps des richesses, grâce à leurs multiples sources de revenus.

 MILLIONNALEMENT

Pourquoi les affirmations sont importantes pour les finances

Autonomisation

Les affirmations sont des déclarations où un individu se parle à lui-même et où il est, elles commencent à produire des effets puissants sur le subconscient.

Ces visualisations sont considérées comme "crédibles" et sont placées dans la zone du subconscient qui a trait au pouvoir d'améliorer la capacité d'utiliser des souvenirs puissants particuliers avec moins de travail.

 MILLIONNALEMENT

Grâce à ces images spéciales, une personne peut développer les outils internes qui lui permettront de penser différemment à l'argent. Les souvenirs et les images peuvent ainsi être transportés dans l'ici et maintenant, où ils sont utilisés pour améliorer la façon dont vous voyez l'argent, ce qui est crucial pour les finances et l'autonomisation des finances.

Pourquoi avons-nous besoin d'affirmations pour l'autonomisation financière? Souvent, les individus croient que ces bons et bénéfiques souvenirs de communication avec soi-même sont une fausse croyance et n'existent pas, mais le subconscient reconnaît où ils se trouvent et les dirigera vers l'avenir pour accroître le succès dans la finance et la vie.

Ces formes d'affirmation/suggestion sont pionnières dans le domaine des neurones frais dans l'esprit, améliorant la capacité à "jouer" avec ces images fraîches et puissantes.

MILLIONNALEMENT

Les visualisations toxiques liées à la négativité, aux faiblesses, au manque d'initiative, aux images de cibles fragiles et à la capacité d'élaborer et de travailler un plan d'action financier sont réduites. Lorsque l'esprit découvre de nouveaux énoncés d'autodiscussion, le subconscient les considère comme "tangibles".

Vous avez probablement observé un élément commun chez ceux qui sont riches, dans les finances et dans la vie. Ces gagnants et ces personnes qui réussissent ont tendance à être enthousiastes et jaloux, dans tous les aspects de leur vie. Cette exubérance vicieuse a tendance à infecter tous ceux avec qui l'individu qui réussit interagit. Une attitude positive, et le pouvoir de transformer cette attitude en résultats, sont essentiels pour saisir de nouvelles opportunités, prendre les meilleures décisions financières et travailler à la fixation d'objectifs, tant dans les affaires que dans la vie.

Comme vous pouvez le constater, une attitude positive est un atout précieux, quelle que soit votre place dans le monde financier. Cela signifie que vous devez prendre l'habitude de faire régulièrement des affirmations positives. Intégrer des affirmations positives dans votre fonctionnement quotidien est un excellent moyen de modifier vos pensées et de vous aider à mieux réussir financièrement.

Il n'est jamais trop tôt ni trop tard pour commencer ce cycle d'affirmations positives, et même ceux qui viennent de commencer un plan financier peuvent bénéficier d'une attitude positive. Même si votre position semble insignifiante et que vous n'êtes pas encore riche, il est essentiel de faire preuve d'une attitude positive et de ne pas laisser la négativité s'insinuer pour vous voler votre enthousiasme. N'oubliez pas que certains des plus riches et des propriétaires d'entreprises ont commencé au bas de l'échelle et ont gravi les échelons. Il est en effet possible de passer d'un petit compte bancaire à la richesse, mais sans affirmations positives et sans une attitude gagnante, cette étape ne sera pas possible.

Des affirmations positives constantes sont extrêmement cruciales pour les personnes qui souhaitent obtenir une autonomie financière. Gagner de l'argent n'est jamais simple, mais il est essentiel de se rappeler que ceux qui vous entourent, des personnes avec lesquelles vous interagissez aux clients et aux concurrents, ressentent votre attitude et l'utilisent comme un signal. Si vous vous plaignez constamment du manque d'argent et de l'incapacité à savoir comment être riche, les gens autour de vous seront moins que revigorés. Si, en revanche, vous ne cessez de vous affirmer positivement, ainsi que les personnes qui vous entourent, même dans les moments les plus difficiles, elles verront votre exubérance, en tireront les leçons et l'utiliseront comme un signal pour travailler plus dur et vous aider à développer votre richesse. Tout se résume à l'attitude proactive que vous adoptez et aux affirmations positives qui peuvent contribuer à votre autonomisation financière.

Comment utiliser efficacement les affirmations pour le millionnaire

Mentalité

Les affirmations sont simples à créer et à utiliser, mais il faut du dévouement pour les faire fonctionner. Voici quelques suggestions pour vous aider à tirer le meilleur parti de ces puissants outils pour obtenir de nouvelles richesses.

Les affirmations fonctionnent...Mais ils doivent être utilisés correctement

Les auto-affirmations sont des déclarations positives ou des auto-scripts qui peuvent conditionner le subconscient à développer une perception plus positive de soi-même et de la façon dont on perçoit la richesse. Les affirmations peuvent vous aider à modifier des comportements négatifs ou à obtenir une autonomie financière, et elles peuvent également contribuer à réparer les dommages causés par les scénarios négatifs, ces choses que nous nous répétons sans cesse, ou que les autres nous répètent sans cesse, qui s'ajoutent à une perception de soi négative et à une vision de l'argent en pénurie.

Considérez vos attributs positifs. Faites le point sur vous-même en dressant une liste de vos meilleures qualités, compétences ou autres propriétés. Êtes-vous économe, faites-vous un bon budget avec votre argent ? Si vous répondez par l'affirmative à ces questions en utilisant le présent : "Je suis économe", par exemple, ou "Je suis un bon budgetur", ces déclarations sont des affirmations de qui vous êtes. Nous tournons rarement autour des choses que nous aimons vraiment chez nous, mais nous choisissons de penser aux choses que nous voudrions changer. Une liste vous aidera à briser ce cycle, et l'utilisation de ces déclarations pour vous aider à apprécier qui vous êtes vous donnera la confiance nécessaire pour accepter vos prétentions de puissance financière.

Réfléchissez aux scénarios négatifs que vous souhaitez neutraliser ou aux objectifs financiers positifs que vous souhaitez atteindre. Les affirmations peuvent être très utiles pour contrecarrer les perceptions négatives que vous avez acquises sur votre capacité à gérer ou à attirer de l'argent. Les affirmations peuvent également vous aider à atteindre des objectifs financiers spécifiques, comme l'achat d'une maison ou d'une nouvelle voiture. Faites une liste de vos objectifs ou des perceptions négatives de vous-même que vous souhaitez modifier.

 MILLIONNALEMENT

Dressez la liste des questions sur lesquelles vous devez travailler en priorité. Vous pouvez constater que vous avez de nombreux objectifs ou que vous avez besoin de nombreuses déclarations différentes. Il est cependant préférable de se concentrer sur quelques déclarations à la fois, donc choisissez celles qui sont les plus cruciales ou les plus urgentes et travaillez avec elles en premier. Lorsque vous constatez des améliorations dans ces domaines ou que vous atteignez ces objectifs, vous pouvez exprimer de nouvelles affirmations pour d'autres points de votre liste.

Notez vos affirmations. Utilisez les déclarations positives uniquement comme contre-écriture, ou ajoutez d'autres déclarations pour façonner votre comportement avec et au sujet de l'argent à l'avenir. Les déclarations que vous utiliserez pour définir les changements futurs doivent suivre la même forme. Ils doivent commencer

par le "I" et être concis, clairs et positifs. Il existe deux formes de déclarations prospectives que vous pouvez utiliser pour atteindre vos objectifs:

- Les déclarations "Je peux" sont des déclarations qui affirment le fait que vous pouvez atteindre votre (vos) objectif(s). Par exemple, si vous voulez donner 1 000 000 $ par mois, une déclaration comme "Je peux donner 1 000 000 $ par mois" est un bon début. Plusieurs experts vous recommandent d'éviter toute forme de connotation négative.

- Les déclarations "Oui, je le ferai" sont des déclarations qui disent que vous utiliserez réellement votre capacité aujourd'hui pour atteindre votre objectif. Ainsi, en suivant l'exemple ci-dessus, vous pouvez dire : "Je vais rapporter 1 000 000 de dollars ce mois-ci. Là encore, vous devez utiliser un langage positif et indiquer clairement ce que vous ferez aujourd'hui pour atteindre

 MILLIONNALEMENT

l'objectif à long terme de l'autonomie financière et de la richesse.

Comparez certains de vos attributs positifs avec vos objectifs. Quels sont les caractères positifs qui vous aideront à atteindre les objectifs que vous vous êtes fixés ? Par exemple, s'il s'agit de respecter un budget, vous aurez peut-être besoin de volonté ou de courage. Sélectionnez les déclarations qui vous permettront de justifier ce dont vous aurez besoin.

Rendez vos répétitions visibles afin de pouvoir les utiliser. La répétition est la clé de l'efficacité des déclarations. Vous souhaitez examiner vos affirmations plusieurs fois par jour et de manière continue, si nécessaire.

Procédez en utilisant vos affirmations. Plus vous affirmez quelque chose, plus votre esprit l'acceptera fermement. Si vous essayez d'atteindre un objectif à court terme, utilisez

vos affirmations jusqu'à ce que vous l'ayez atteint. N'oubliez pas que l'univers entend tout, alors faites attention à vos affirmations. Les mots sont des discours oraux ou écrits qui ont un grand poids dans votre vie.

N'utilisez pas de mots négatifs. Au lieu de "Je ne veux pas être sans le sou", utilisez "Je veux être riche". L'univers ne comprend pas les pensées négatives, seules les "pensées" sont envoyées dans l'univers et envoient le bon message. La répétition crée des habitudes et votre subconscient s'aligne sur vos désirs.

 MILLIONNALEMENT

Comment commencer

Nous pouvons nous transformer positivement en changeant nos pensées et nos croyances. Les pensées sont comme des aimants, elles ont le pouvoir d'attirer en fonction de leur vibration.

Ce que nous nous affirmons quotidiennement confirme ce que nous ressentons et comment nous vivons. L'affirmation est l'un des moyens les plus puissants de créer la vie et la richesse que nous voulons.

Un moyen efficace de commencer à utiliser les affirmations pour l'autonomisation financière est de les écrire sur une fiche et de les lire tout au long de la journée. Plus vous les pratiquez, plus les nouvelles croyances

seront profondes. Les meilleurs moments pour revoir vos affirmations sont le matin, pendant la journée, et avant de vous coucher. Après vous être détendu dans un état d'esprit profond, calme et méditatif, imaginez que vous êtes déjà devenu riche et que vous savez comment gérer votre argent. Imaginez-vous dans l'environnement physique dans lequel vous aimeriez être, dans la maison que vous aimeriez avoir et qui vous réconforte, dans les chiffres sûrs que vous avez en votre possession et dans la récompense financière appropriée pour vos efforts. Ajoutez tous les autres détails qui vous sont essentiels, tels que les factures que vous voulez payer, le montant d'argent que vous voulez gagner chaque mois, et ainsi de suite. Essayez de sentir en vous que cela est possible ; faites-en l'expérience comme si cela se produisait déjà. En bref, imaginez-le exactement comme vous voudriez qu'il soit, comme s'il était déjà en train de se produire. Essayez de vous tenir devant un miroir et utilisez des affirmations tout en vous regardant dans les yeux. Si vous le pouvez, répétez-les à voix haute avec passion. C'est un moyen puissant de changer très rapidement vos croyances limitantes.

Si vous avez du mal à croire qu'une affirmation se produira, ajoutez "Je choisis" à l'affirmation. "Je choisis de gérer correctement mes finances", par exemple, ou "Je choisis d'acquérir un pouvoir financier et de devenir riche".

Attachez des émotions positives à vos déclarations. Réfléchissez à la façon dont la réalisation de votre objectif vous fera sentir, ou considérez à quel point il est agréable de savoir que vous assurez votre avenir financier. L'émotion est un carburant qui rend les affirmations plus puissantes.

Si vous ne voulez pas que les gens soient au courant de vos relevés d'habilitation financière, il suffit de placer vos rappels dans des endroits discrets. N'oubliez pas, cependant, qu'il est essentiel que vous les

 MILLIONNALEMENT

voyiez souvent, sinon ils ne vous seront d'aucune utilité.

Si vous vous trouvez à répéter simplement les mots de vos déclarations, au lieu de vous concentrer sur leur signification, changez les déclarations. Vous êtes en mesure d'affirmer les mêmes objectifs ou caractéristiques naturellement, mais en reformulant vos affirmations, vous pouvez en régénérer l'efficacité.

Demandez à vos amis de vous donner une version de leurs affirmations, par exemple : "LOLITA, tu apprends vraiment à gérer ton argent. Vous devez vous sentir bien". Les affirmations de soi sont précieuses tout comme elles vous libèrent de la dépendance à l'égard de l'approbation des autres, mais les affirmations des autres peuvent être aussi bonnes que les scénarios négatifs des autres sont nuisibles.

 MILLIONNALEMENT

La gratitude est une affirmation très puissante, et un exemple de cette affirmation pourrait être le suivant: "

J'apprécie la richesse de ma vie et j'ai confiance que d'autres viendront à ma rencontre.

 MILLIONNALEMENT

Affirmation de la mentalité millionnaire

J'ai une mentalité de millionnaire, l'argent vient à moi

Quels secrets les riches connaissent-ils? Quels sont leurs pouvoirs mystiques? La réponse est simple. Tout est dans la façon dont ils pensent. Les personnes riches ont une mentalité de millionnaire. C'est cette façon de penser qui sépare les âmes qui réussissent du reste de la population.

Le subconscient est très puissant. Il est beaucoup plus puissant que votre esprit conscient. Elle peut vous aider à réaliser votre rêve ou vous empêcher d'atteindre le

succès que vous souhaitez dans les affaires et dans la vie.

Il y a des choses que vous pouvez faire aujourd'hui qui pourraient changer votre façon de penser et vous donner un pouvoir financier. Acceptez l'entière responsabilité de tout ce qui se passe dans votre vie. Cessez de blâmer les autres pour tous vos problèmes. Concentrez-vous sur le positif, attirez tout ce à quoi vous prêtez attention. Cela signifie que si vous vous concentrez sur ce que vous voulez, vous finirez par l'obtenir.

Appréciez votre travail. Essayez-vous d'être riche en passant cinquante heures ou plus par semaine à faire quelque chose que vous détestez ? Vous ne pouvez réussir dans la vie que si vous faites ce qui vous plaît. Pour réussir véritablement, il faut découvrir sa propre voix et faire son chemin.

 MILLIONNALEMENT

Aimez-vous. Ayez confiance que vous avez autant le droit d'être heureux que les autres. Croyez que vous ne méritez rien de plus que ce que la vie a de mieux à offrir et vous serez sûrement riche.

Ne soyez jamais jaloux de la réussite des autres. Si vous voyez quelqu'un avec une voiture de luxe ou une belle maison, dites quelque chose comme "Tant mieux pour lui ! Être jaloux ou envieux ne fera qu'empêcher l'argent et la richesse d'entrer dans votre vie.

Vous voulez devenir riche? Vous voulez changer votre situation actuelle? Tout d'abord, vous devez créer une mentalité de millionnaire en suivant les instructions ci-dessus. Bientôt, des miracles commenceront à se produire dans votre vie et les bénédictions de la richesse et de l'abondance commenceront à couler.

 MILLIONNALEMENT

Affirmation de la fixation du revenu

Atteindre les objectifs de recettes

Nous rêvons tous d'atteindre notre revenu idéal, mais sans plan et sans action, ils persisteront comme de simples rêves.

Cette section contient quelques étapes principales pour atteindre vos objectifs et atteindre le niveau de revenu que vous souhaitez :

1- Visualisez où vous aimeriez être dans un an.

2- Visualisez le niveau spécifique d'activité que vous souhaitez et les caractéristiques

 MILLIONNALEMENT

qu'il aura Choisissez une activité réaliste en termes de revenus ou de bénéfices que vous souhaitez. Visualisez aussi précisément que possible.

3- Visualisez l'environnement, c'est-à-dire imaginez vos clients ou membres d'équipe idéaux Faites de la visualisation de votre idéal une routine quotidienne.

4- Faites une carte des étapes que vous devrez franchir pour vous rendre n'importe où dans l'année.

5- Pensez aux obstacles et aux moyens que vous allez prendre pour les surmonter.

6- Distinguez vos pensées négatives concernant la réalisation de votre projet d'entreprise et de vos revenus. Lorsque vous prenez conscience des pensées qui peuvent limiter vos progrès, vous serez en mesure de les contrôler et de les vaincre.

 MILLIONNALEMENT

7- Prenez des mesures pour atteindre vos objectifs et prévoyez de tirer le meilleur parti des éléments qui limitent votre potentiel.

Établissez un plan écrit de ce qu'il faut pour être là où vous voulez être. Quand vous imaginez, visualisez l'idéal, quand vous planifiez, faites-le avec des mesures et des actions vraiment concrètes et allez de l'avant avec elles. Faites appel à des mentors et demandez conseil à ceux qui occupent le poste que vous souhaitez.

Les mentors peuvent également être ceux qui se trouvent en dehors de la voie que vous avez choisie et qui vous aideront à être le meilleur. Étudiez le contenu motivationnel et gardez une perspective positive.

 MILLIONNALEMENT

Affirmation d'attraction

J'attire chaque jour de nouvelles entreprises et de nouvelles opportunités pour moi

Des millions de personnes ont entendu parler de la loi de l'attraction, une théorie qui permet la "pensée positive". Bien qu'il s'agisse d'un phénomène assez récent, les penseurs spirituels disent qu'ils examinent ces concepts depuis des années.

La loi de l'attraction est que notre pensée nous apporte et nous communique tout ce que nous pensons. C'est comme si chaque fois que nous pensons à une pensée, chaque fois que nous prononçons un mot, l'univers nous écoutait et nous répondait.

MILLIONNALEMENT

La négativité peut vous empêcher de recevoir les choses que vous désirez dans la vie. Vous pouvez aussi métamorphoser votre vie en restant positif. Vous devez commencer à dire des choses qui vous plaisent vraiment, comme : "J'aime ce que je suis", "J'aime la vie", "J'aime la vie". Vous devez comprendre que cela ne se produira pas le jour du début, mais si vous plantez la bonne graine et que vous l'arrosez et continuez à faire des déclarations, les choses commenceront à changer. Sachez ce que vous voulez et demandez à l'univers. C'est là que vous devez être clair sur ce que vous souhaitez créer et visualiser ce que vous voulez comme étant vrai.

Sentez et agissez comme si l'objet de votre désir était en route. Concentrez vos pensées et votre langage sur ce que vous souhaitez attirer. Sentez le sentiment de savoir que ce que vous voulez est vraiment en route vers vous.

Faites preuve d'hospitalité en la recevant. Soyez attentif à vos messages intuitifs, aux synchronisations et aux signes de l'Univers pour vous aider dans votre cheminement, afin de garantir que vous êtes sur la "bonne" voie. Au fur et à mesure que vous vous renforcerez grâce à vos affirmations positives, l'univers vous accordera la gloire.

 MILLIONNALEMENT

Affirmation des aimants en espèces

Je suis un aimant à argent!

Prenez un dollar de votre poche. Remarquez l'encre verte et le numéro dans chaque coin. C'est un morceau de papier avec de l'encre, quelques symboles avec des chiffres, c'est tout. Des individus travaillent à mort pour obtenir ces papiers verts. Beaucoup vivent dans une extrême pauvreté, tout cela à cause de la façon dont ils considèrent le papier vert.

Beaucoup ne reconnaissent pas que l'argent est une énergie. Tout dans le cosmos l'est. Nous comprenons que les choses sont différentes parce que ces énergies vibrent à des fréquences variées. L'argent n'échappe pas à cette loi générale. Lorsque les deux énergies sont harmoniques, elles s'attirent mutuellement. Sinon, ils se repoussent. C'est pourquoi il y a tant de pauvres. Ils ne sont pas harmonisés avec l'argent, donc ils en bloquent le flux dans leur vie. Pour attirer l'argent, il faut être en harmonie avec lui.

Nous développons des pensées ou les acceptons d'une source extérieure, les chargeons d'émotions et les instillons dans le subconscient. Nous envoyons des impulsions auxquelles l'Univers répond. Le travail acharné est considéré comme normal. Vous êtes inconsciemment discipliné à croire que le travail est le moyen par lequel vous obtenez de l'argent. Plus vous travaillez, plus vous gagnez d'argent. Les individus n'étaient pas censés travailler vingt heures par jour. Ils n'étaient pas non plus censés se sacrifier pour avoir trois emplois. Dieu ne nous a pas donné un temps limité ici sur terre pour travailler comme esclaves. Pas avec notre puissance mentale.

Je ne veux pas rabaisser l'idée du travail. En réfléchissant, on obtient ce qu'on veut. C'est par l'action que nous la recevons. Théoriquement, nous avons la possibilité de manifester l'argent ou ce que nous voulons si nous sommes en parfaite harmonie avec le cosmos. Travailler, mais ne jamais sentir qu'il faut travailler ou qu'il faut travailler pour gagner de l'argent. Cela crée un canal pour la richesse : votre travail. L'Univers possède d'innombrables canaux. Consacrez du temps au travail, mais aussi à la réflexion. Votre pensée produit votre réalité.

L'argent afflue dans votre vie quand vous le permettez. Si votre trésorerie est faible, vous arrêtez le flux. Vous avez des idées négatives sur l'argent. Vous pensez peut-être que c'est mauvais. Ou qu'il faut travailler dur pour l'obtenir. Il existe des croyances plus restrictives concernant l'argent liquide que celles que je peux énumérer ici. Les pensées négatives bloquent le flux d'énergie. Les

pensées positives laissent l'énergie circuler. Lorsque vous êtes conscient de l'existence de croyances limitantes, vous pouvez les libérer. La clé est de les découvrir.

L'argent est une sorte d'énergie, tout comme vous. Lorsque ces deux énergies sont en harmonie, les possibilités sont illimitées. Il n'y a pas de limites dans l'Univers, seulement celles que les individus créent pour eux-mêmes.

 MILLIONNALEMENT

Réclamation d'argent facile

Gagner de l'argent, c'est facile

On nous a tous dit ou entendu dire, à un moment ou à un autre de notre vie, que si l'on croit sincèrement en quelque chose, on a la foi que cela arrivera.

Il y a maintenant beaucoup d'individus qui ne croient pas complètement à cette idée et puis il y a ceux qui disent qu'ils la pratiquent, mais en réalité ils ne la pratiquent pas, ils pensent simplement qu'ils le font. Et puis il y a ceux qui pratiquent sincèrement la Foi et qui ont un énorme succès. Vous êtes-vous déjà demandé pourquoi ou comment ils le font? La croyance comporte un certain nombre d'étapes et vous devez vraiment tout

mettre en place avant de pouvoir vous aider à atteindre vos objectifs.

Laissez-moi vous poser quelques questions faciles:

1- Croyez-vous sans aucun doute que vous pouvez avoir et aurez tout ce que vous voulez dans la vie ?

2- Croyez-vous sans aucun doute que vous serez guidé vers la bonne situation au bon moment?

3- Pensez-vous, sans aucun doute, qu'il y a toujours un moyen d'atteindre vos objectifs ?

Si vous avez répondu NON, ou peut-être à l'une des questions précédentes, que vous ne croyez pas et que, par conséquent, vous n'arriverez pas à destination, croire exige cette confiance totale que tout va s'arranger.

Que vous ferez votre part pour trouver des solutions tout en ayant confiance et en sachant que vous pouvez obtenir et obtiendrez ce que vous voulez de la vie. Alors, comment arriver à ce niveau ? Il faut y arriver en faisant de petits pas. Commencez à vous fixer de petits objectifs, même avec des choses dont vous savez qu'elles se produiront, puis faites-vous confiance et arrêtez. Vous pouvez le faire en conduisant, en ayant la certitude que vous arriverez à temps à votre destination et que votre voyage aller-retour sera simple. Voyons ce qui se passe après une semaine de travail. Si vous perdez vos clés, dites-vous que vous savez où elles se trouvent et que vous les retrouverez au bon moment. Si vous n'êtes pas sûr de la décision que vous devez prendre, envisagez toutes les possibilités et dites-vous que vous prenez la bonne décision.

Après un certain temps, par nature, vous y réfléchirez à nouveau et vous arriverez facilement à une conclusion. La clé est de croire et d'abandonner. Parfois, il faut être distrait pour ne pas s'inquiéter. S'inquiéter est le contraire de croire, c'est-à-dire que je ne crois pas, donc je dois m'inquiéter - parce qu'en m'inquiétant je peux faire mieux - mais vous ne pouvez pas.

Je vous conseille de commencer petit pour développer cette pratique. Comme lorsque de grandes décisions doivent être prises, vous saurez que le processus fonctionne et vous ne vous inquiéterez pas, vous croirez que vous pouvez faire et ferez ce qu'il faut pour atteindre vos objectifs.

Cette procédure est si facile et pourtant si puissante, mais il faut du temps pour en prendre l'habitude. Cette pratique de la croyance est essentielle à votre réussite financière. Sans cela, tout le reste de vos actions sera finalement dénué de sens.

Conclusion

Tout le monde veut avoir le **POUVOIR FINANCIER**. C'est un objectif que de nombreuses personnes ont atteint et que beaucoup d'autres souhaitent atteindre. Il existe de nombreuses façons de réussir financièrement, et chaque individu a sa propre définition de la richesse. Quelle que soit votre définition de la richesse, les déclarations peuvent vous aider à atteindre votre objectif.

Nous espérons que ce livre électronique vous a donné les outils nécessaires pour adopter un point de vue différent sur l'utilisation des affirmations pour l'autonomisation financière.

 MILLIONNALEMENT

 MILLIONNALEMENT

COMMENT OBTENIR UNE VRAIE LIBERTÉ FINANCIÈRE

LIVRE 2

MILLIONNALEMENT

COMMENT OBTENIR UNE VRAIE LIBERTÉ FINANCIÈRE

 MILLIONNALEMENT

Chapitre 1: Que signifie la liberté financière

Au XXIe siècle, les concepts de temps et d'argent sont en train d'être redéfinis. La "liberté financière", est un terme qui a pris beaucoup d'importance dans le scénario financier en évolution.

Par "liberté financière", on entend l'absence de responsabilités financières permanentes grâce à une gestion planifiée et à une répartition des actifs. Elle libère une personne d'un travail pénible en lui donnant une source de revenu stable pour la vie.

Il ne faut pas penser qu'une personne sans dette est également sans dette. Toutefois, leur gestion prudente des actifs leur permet de s'assurer que leurs dettes ne deviennent pas un fardeau, mais seulement une partie de leurs frais généraux. De cette façon, vos dettes ne font pas obstacle à vos objectifs financiers à long terme.

La liberté financière ne peut être assimilée à la richesse. Il ne faut pas oublier que l'excès de richesse nécessite une surveillance constante. À long terme, les obligations d'un homme riche ne le rendent pas "financièrement libre" au sens propre du terme.

Ainsi, la liberté financière peut être définie comme un mode de vie qui mélange les dépenses et les revenus en fonction des préférences individuelles. Cela rend la "liberté financière" plus possible et plus pratique.

 MILLIONNALEMENT

La liberté financière, c'est la liberté du temps

"Le temps, c'est de l'argent", telle est la croyance générale dans le monde professionnel. Cette attitude ne laisse aucune place au temps libre. Cependant, la liberté financière a modifié cette notion de travail en permettant à une personne de profiter de ses loisirs sans entraver d'aucune manière la stabilité de ses revenus. Tout le concept de "liberté financière" repose sur des actifs et des investissements qui sont combinés au fil du temps pour générer de l'argent. Elle prend en charge les dépenses courantes et laisse à la personne le temps et l'argent nécessaires. Une personne financièrement indépendante est libérée de l'emprise de la routine du temps pour l'argent.

Atteindre la liberté financière

Pour comprendre la "liberté financière", il faut s'éloigner des concepts traditionnels de revenus et de dépenses.

On nous a enseigné que le travail en temps voulu rapporte de l'argent. La "liberté financière" s'oppose à ce concept qui consiste à échanger du temps contre de l'argent et à laisser l'argent travailler pour nous. Toutefois, malgré cet avantage, de nombreux professionnels ont du mal à travailler sans routine fixe.

Par conséquent, pour atteindre la liberté financière, il faut changer ses anciennes mentalités et développer une nouvelle attitude pour gagner de l'argent. Il faut se rendre compte que l'argent n'est que le moyen d'atteindre une fin.

 MILLIONNALEMENT

Il faut aussi se rappeler qu'une personne ne peut être jugée sur l'argent qu'elle possède. Si ces idées fausses ne sont pas dissipées, l'objectif de la liberté financière sera vaincu, car la satisfaction est le mot clé de la liberté financière.

De même, il faut aussi se débarrasser de l'attitude négative à l'égard de l'argent. Si une demande excessive de richesse rend difficile une relation saine avec les finances, une perception saine de l'argent est nécessaire pour maintenir un équilibre excessif. N'oubliez pas que l'on gagne de l'argent pour atteindre des objectifs et qu'il est donc sain et normal de gagner de l'argent tant que l'on ressent un besoin éthique de le faire.

En fin de compte, on peut dire que la liberté financière est l'état d'esprit qui travaille au développement par un processus d'auto-libération.

Chapitre 2: Réalités de l'indépendance financière

L'indépendance est un état d'être que tout être vivant s'efforce d'atteindre et de maintenir à jamais. Dès qu'un enfant met les pieds à l'école, on lui fait comprendre que les connaissances qu'il acquiert à partir de ce moment lui permettent d'utiliser son intelligence, de façonner son propre avenir.

Lorsqu'on vit avec ses parents, on a tendance à tenir beaucoup de choses pour acquises. Une fois que vous commencez à gagner votre vie, vous êtes confronté à deux aspects diaboliques : l'indépendance financière et la responsabilité.

 MILLIONNALEMENT

Il ne suffit pas de gagner de l'argent. De nombreux facteurs interviennent lorsqu'une personne décide (parfois avec arrogance) de se séparer de sa famille et d'emménager dans sa propre maison. Il est vrai que maintenant, vous n'avez plus à réfléchir à deux fois avant d'acheter cette paire de chaussures supplémentaire ; après tout, il n'y a plus de parent qui attend à la maison pour regarder le paquet dans votre main.

Mais il faut penser à la facture d'électricité qui doit être payée la semaine prochaine, à la facture de téléphone qui semble maintenant avoir atteint un niveau astronomique, et aux autres dépenses qui doivent être payées. L'argent gagné en dehors des heures de travail semble être oublié.

En économie, on apprend qu'un pays ne se développe que grâce à l'investissement. Et l'investissement est le résultat direct de l'épargne.

 MILLIONNALEMENT

De même, dans le cas d'un individu, sa situation financière s'accroît grâce à l'épargne. Une partie de cette épargne peut être investie dans des actions et des obligations. Et comme les urgences et les accidents ne surviennent pas avant les remorques, il faut s'assurer de la sécurité en matière d'assurance maladie et autres.

En Inde, les femmes dépendent financièrement des hommes depuis longtemps : d'abord en tant que fille de leur père, ensuite en tant qu'épouse de leur mari, et enfin en tant que mère de leurs enfants.

Si cela leur a épargné le souci de gagner leur vie, cela a aussi eu ses inconvénients. Une femme maltraitée par son mari est incapable de le quitter et de subvenir à ses besoins. Même après le divorce, elle est à la merci de son mari pour l'entretien de ses enfants.

 MILLIONNALEMENT

Mais avec les temps qui changent, la femme indienne moderne sait comment gagner sa vie. Le pouvoir de l'argent ne manipule plus sa vie.

Vivre aux dépens des autres entraîne le mépris de soi et le ridicule. Par conséquent, chacun devrait œuvrer à l'indépendance financière.

MILLIONNALEMENT

Chapitre 3: Commencez votre voyage sur la voie de la liberté financière

Pour atteindre la stabilité financière et la sécurité dans la vie, il faut planifier et travailler dur au fil du temps. Mais pour vous faciliter un peu la tâche, voici les caractéristiques les plus importantes et les plus éprouvées qui pourraient vous aider à atteindre vos objectifs financiers.

La santé, c'est la richesse (prenez soin de vous)

Cela peut sembler sans importance, mais c'est très pertinent. Une bonne santé garantit non seulement que vous avez la vigueur physique

et psychologique nécessaire pour relever et surmonter les défis de votre vie, mais aussi que vous serez là pour savourer la réussite de vos rêves.

Faites donc des examens réguliers chez votre médecin, faites de l'exercice régulièrement et adoptez une alimentation saine. Et commencer tôt. Moins vous êtes prudent maintenant, plus il vous sera difficile de vous rattraper plus tard.

Définissez votre vision

Définir votre vision de votre travail et de votre vie est crucial pour votre réussite. Que voulez-vous? Est-ce l'indépendance financière, être votre propre patron, plus de sécurité pour votre famille, une solide rampe de lancement pour vos enfants ? Quoi qu'il en soit, vous devez toujours avoir votre vision en point de mire.

Renforcez la vision et votre rôle de nombreuses façons et, en cas de difficultés, faites appel à elle pour vous guider et vous réconforter.

Investissez votre argent à bon escient

Même si votre revenu de base doit provenir de votre emploi actuel, ne vous limitez pas à cela. Vous devriez essayer d'augmenter vos revenus en investissant votre argent de manière judicieuse et rentable. Vous pourriez financer ou créer une entreprise qui vous passionne ; sinon, vous pourriez investir dans des options de marché sûres.

Économisez votre argent

Une bonne façon de construire une base financière solide est d'adopter l'ancienne mentalité d'épargne. Conservez régulièrement un certain pourcentage de vos revenus pour l'épargne et mettez cet argent de côté chaque mois, chaque fois que vous recevez des fonds ou que vous êtes payé.

Un moyen pratique d'éviter les achats compulsifs et le piège d'une mauvaise gestion budgétaire est de toujours penser à payer d'abord votre compte d'épargne. Cela permet d'éviter des dépenses inutiles et de couvrir les imprévus qui pourraient survenir. Bien que les intérêts sur un compte d'épargne soient inférieurs à ceux de certains autres investissements, la mise de côté de l'épargne est l'option la plus sûre.

Trait de pouvoir - Dépensez votre argent à bon escient

Différenciez vos dépenses et évitez les étrangers. Avant tout achat, demandez-vous si vous en avez vraiment besoin. Vous seul pouvez répondre à cette question, mais vous devez être fidèle à vous-même et à votre vision de l'indépendance financière.

MILLIONNALEMENT

Chapitre 4: Conseils pour assurer la réussite d'un plan d'indépendance financière

Même si vous avez établi un ensemble de plans financiers pour vous-même, qu'il s'agisse d'investissements sur le marché, d'immobilier ou de retraite, vous devez essayer de coordonner ces plans afin de maximiser vos revenus.

Pour vous aider à y parvenir, voici les 7 étapes cruciales de la planification financière qui vous permettront d'atteindre vos objectifs, dans les délais requis, avec des avantages fiscaux et un risque minimal:

MILLIONNALEMENT

1) Réserves de liquidités d'urgence: Mettez toujours de côté 3 à 6 mois de votre salaire sur un compte sur lequel vous pouvez retirer de l'argent à court terme sans encourir de pénalités. Pour toute dépense imprévue à court terme, essayez d'éviter d'utiliser des cartes de crédit et utilisez plutôt cet argent.

2) Gestion des risques: L'assurance est la forme la plus sûre de gestion des risques. Par conséquent, assurez votre voiture, votre maison et d'autres biens importants. Vous pouvez également envisager de souscrire une assurance vie pour compenser la perte de revenus et rembourser vos dettes en cas de décès. Pendant que vous finalisez votre option d'assurance, choisissez toujours le type d'assurance qui correspond à vos besoins et déterminez le montant de la couverture nécessaire qui vous est abordable.

3) Planification successorale: Les caractéristiques de base d'un plan successoral sont un testament et une procuration durable

pour assurer vos soins médicaux et financiers. Pour les grandes successions, vous pouvez également avoir besoin d'une fiducie vivante, de fiducies matrimoniales et de fiducies résiduaires de bienfaisance. Elles garantissent que votre patrimoine est entretenu et transmis aux générations futures.

4) Définition des objectifs: C'est le cadre de coordination de votre plan financier. Chaque fois que vous recevez une offre d'investissement, référez-vous à vos objectifs financiers globaux. Demandez-vous si elle est propice ou productive et si elle correspond à vos objectifs. Cet engagement envers vos objectifs vous aidera à rester concentré sur le long terme.

5) Investissements: Vous devez disposer d'un plan d'investissement personnalisé pour atteindre vos objectifs et maintenir l'élément de risque dans les limites que vous jugez acceptables. Sans cela, vos investissements

seront soumis aux caprices de l'économie plutôt que d'être guidés par vos exigences.

6) Plans de retraite: Les revenus qui complètent votre sécurité sociale proviendront de régimes à cotisations et prestations définies. Au cours de votre vie professionnelle, essayez de verser le plus grand nombre possible de cotisations annuelles à ces régimes à cotisations définies. Ces fonds croissent rapidement grâce au report d'impôt et, comme ils proviennent directement de votre salaire, ils sont relativement indolores.

7) Planification fiscale : Cela signifie qu'il faut profiter de toutes les déductions fiscales possibles et de tous les régimes d'imposition différée que la loi vous autorise, et utiliser les crédits d'impôt partout où vous y avez droit. Un bon plan fiscal peut vous faire économiser des milliers de dollars en impôts.

 MILLIONNALEMENT

Si vous estimez ne pas pouvoir gérer tout cela par vous-même, faites appel aux services d'un conseiller financier ou d'un coach financier rémunéré pour concevoir un plan complet en fonction de vos actifs et de vos besoins.

N'oubliez pas: Votre sécurité financière dépend de la bonne coordination de ces différentes étapes pour créer de la richesse.

MILLIONNALEMENT

Chapitre 5: Travailler pour atteindre l'indépendance financière

Beaucoup d'entre nous peuvent parler d'indépendance financière, mais la question est de savoir combien d'entre nous y parviennent réellement.

Très peu d'entre nous savent comment élaborer un plan solide et encore moins sont capables d'être disciplinés dans l'exécution de ce plan. Soyez prudent et envisagez un programme de gestion de l'argent qui vous aidera à devenir financièrement indépendant.

Tout type de planification financière commence par une bonne gestion de l'argent. En élaborant votre plan, veillez à travailler

sur deux aspects importants. Premièrement, il faut trouver le fonds qui soutiendra vos projets et deuxièmement, obtenir l'argent prévu de manière à ce que vos objectifs soient atteints.

Cet argent vous aidera à conserver les opportunités qui sont importantes pour vous. Vous pourriez être un peu surpris de constater que chacun d'entre nous a mis en place une sorte de gestion de l'argent. Il existe plusieurs méthodes pour assurer une bonne gestion de l'argent. Il est important que vous ayez une approche organisée du plan et que vous tiriez le meilleur parti possible de l'argent. Concentrez-vous sur l'identification de vos dépenses afin de savoir exactement combien investir.

Si vous vous fixez un objectif, cela vous donnera une raison d'investir. Vos plans peuvent se chevaucher, alors soyez conscient que vos objectifs peuvent se chevaucher.

 MILLIONNALEMENT

Par exemple, votre plan de retraite peut chevaucher votre plan d'investissement et de gestion de l'argent.

Vous devriez maintenant avoir compris que la gestion de l'argent est importante pour les objectifs financiers futurs.

Veuillez vous en tenir à un plan de gestion financière réaliste. Réfléchissez à la manière dont vous obtiendriez ces fonds. Vos objectifs doivent être précis. Priorisez vos objectifs pour faciliter le chemin.

Nous sommes souvent trompés par quelques idées préconçues comme celle de vivre le moment présent. Nous ne réalisons pas qu'un avenir nous attend. Il est important d'avoir une approche organisée.

Si vous n'avez pas une approche organisée, vous risquez de vous retrouver dans une situation difficile.

 MILLIONNALEMENT

Vous devriez payer des taxes supplémentaires. Vous vous exposeriez inutilement à des risques financiers.

Manque de fonds pour l'enseignement supérieur de vos enfants. Vieillissement dangereux dû à un manque de planification

Et ce serait tout le contraire si un plan organisé de gestion de l'argent était établi au bon moment. Le meilleur résultat d'une bonne gestion de l'argent est de pouvoir faire face aux dépenses à court et à long terme.

Chapitre 6: Nouvelles tendances vers la gestion financière

L'insécurité économique augmente rapidement dans le cœur des personnes qui, confrontées à la possibilité d'une quasi-faillite en raison de l'augmentation du coût de la vie et du manque d'emplois bien rémunérés, concentrent leur attention sur des alternatives, sur le marché, qui les aideront à subvenir à leurs besoins et à ceux de leur famille.

C'est pourquoi beaucoup d'entre eux recherchent une source de revenus secondaire ou prévoient des mesures de sécurité, pour les soutenir en cas d'urgence financière, comme la perte de leur emploi.

D'autres, qui souffrent déjà aux mains des tendances sociales, essaient désespérément de joindre les deux bouts et cherchent une occasion de relancer leur carrière. Il y en a aussi d'autres qui, suivant les directives du marché, ont réussi à accumuler de l'argent et essaient de profiter de leur bonne passe, en espérant que leurs années futures seront sûres.

Services à forte demande

C'est pourquoi il est très important de choisir le bon type et la bonne profession.

Qu'il s'agisse d'une entreprise de type "sit at home" ou d'une entreprise de terrain rigoureuse, rien d'autre n'assure le succès que sa demande sur le marché, même en pleine crise économique à grande échelle.

Comme le monde d'aujourd'hui est entièrement régi par les pouvoirs de la

technologie, en particulier l'ordinateur, avoir un emploi qui vous permet de contrôler les maux de votre métier, comme l'usurpation d'identité et les problèmes informatiques généraux, est un moyen sûr de réussir.

Tout comme pour les voitures, les gens les utilisent tous les jours, mais ils ne savent pas comment les entretenir et les contrôler. Ainsi, lorsque les choses tournent mal avec les ordinateurs, quelle que soit la situation, ils seront très demandés.

Les meilleures chances de succès

Ainsi, si toute personne ayant un peu de chance et de recherche peut réussir, les personnes ayant une expérience dans les services d'information, la vente et la publicité, ou celles qui sont amateurs ont une chance garantie de succès.

Les possibilités sont encore plus favorables pour les petites entreprises individuelles, puisqu'elles peuvent utiliser ces produits sur leur site web pour gagner plus d'argent.

Où chercher

Si vous êtes à la recherche d'une victoire saine, la meilleure option pour vous est de vous associer à une entreprise solide et réputée, qui vous aidera à maximiser vos profits et à vous mettre sur la voie d'un avenir sûr et économique. Mais avant de vous associer, analysez les plans de remboursement et les systèmes de soutien de l'entreprise afin d'obtenir la meilleure et la plus sûre des offres de cette société.

 MILLIONNALEMENT

Chapitre 7: L'argent compte

Avec l'augmentation rapide du coût et du niveau de vie, la faillite devient un phénomène assez courant - prêts, frais de carte de crédit, honoraires, etc. Si vous ne savez pas comment gérer vos finances et que le stress s'accumule, vous commencerez peut-être à penser que la faillite est la seule solution.

Il est important de comprendre que cela doit être votre dernier recours. Avant cela, vous devriez essayer les services de conseil et de gestion des cartes de débit et une meilleure gestion du budget.

MILLIONNALEMENT

Vous pouvez également consulter les plans de règlement des dettes et voir s'ils vous conviennent. Faites appel à un conseiller pour vous aider à trouver des choses. Mais n'oubliez pas qu'un plan de règlement de la dette ne vous donnera qu'un répit. Ce ne sera pas réel et cela fera disparaître tous vos problèmes.

Vous devriez trouver un conseiller ayant suffisamment d'expérience. Obtenir des références de personnes que vous connaissez est une bonne idée. Le conseiller en matière de dettes négociera avec vos prêteurs afin de réduire vos frais et vos taux d'intérêt.

Ensuite, il vous aidera également à consolider toutes vos dettes en un seul montant. Ainsi, vous n'avez pas à vous soucier de la gestion de vos paiements. Vous n'aurez à payer qu'un seul montant dû. Il vous aidera à mettre de l'ordre dans vos documents et vos demandes. Tout cela peut vous aider à

MILLIONNALEMENT

retrouver votre situation financière dans un laps de temps relativement court.

Bien sûr, il y a des conditions minimales pour entrer dans le programme. Si vous bénéficiez du programme, votre budget mensuel sera barré et une somme d'argent sera mise de côté pour vos paiements. Systématiser les choses vous aidera à vous remettre sur la bonne voie.

Si vous en avez assez de payer les factures qui s'accumulent devant vous, il est temps de repenser un peu votre vie. L'inscription au programme ci-dessus est une bonne première étape. Elle vous donnera une nouvelle orientation positive dans votre vie.

Il est essentiel de bien gérer vos prêts et si vous ne pouvez pas le faire vous-même, vous ne devez pas hésiter à demander de l'aide. Il est important de bien faire ces choses, si vous

ne voulez pas mettre en péril tout ce qui vous tient à cœur.

La gestion de l'argent est une compétence très importante. Il faut apprendre à économiser et à planifier un budget dès le début de la vie. Faites attention aux étapes avant de devoir apprendre ces leçons à la dure.

Mais si vous avez des ennuis, n'hésitez pas à faire appel à un conseiller en endettement. Ils vous donneront un plan pour vos besoins spécifiques et personnalisés. Choisissez votre plan avec sagesse.

L'un des plans les plus populaires peut vous remettre sur pied, financièrement, en cinq ans seulement.

Mais n'oubliez pas que vous devez vouloir vous sortir des problèmes et rester en dehors de ceux-ci.

Vous devez être fermement déterminé à maintenir vos finances en ordre et à ne pas faire des folies pour des choses que vous ne pouvez pas vous permettre en fin de compte.

Si vous avez une seconde chance dans votre vie financière, ne la gaspillez pas. Apprenez à être prudent en matière d'argent avant qu'il ne soit trop tard.

 MILLIONNALEMENT

Chapitre 8: Distinguer les besoins des besoins de la vie pour atteindre la liberté financière

La liberté et la sécurité financières découlent d'une réglementation judicieuse de vos besoins et de vos désirs.

L'argent offre une sécurité, mais il vous enlève aussi toute sécurité s'il est dépensé à mauvais escient. Pour faire face à ce paradoxe, il est nécessaire de comprendre et de suivre les différences fondamentales entre les besoins et les désirs dans la vie.

 MILLIONNALEMENT

Il est important de gérer l'argent de manière à ne pas devoir mendier et emprunter à quelqu'un d'autre quand il y a une pénurie. Ces situations peuvent être évitées si vous pouvez éviter certains luxes dans la vie et vous concentrer plutôt sur l'épargne pour répondre aux besoins fondamentaux de la vie.

Si vous n'avez pas assez d'argent pour mener une vie normale et confortable, vous finirez par mener une vie inhibée et désagréable. Vous finirez également par faire un mauvais travail, ce qui vous rendra malheureux et insatisfait. S'il n'y a pas de sécurité dans votre vie, vous deviendrez également moins actif dans votre vie. Elle vous empêchera également de faire ce que vous voulez vraiment faire dans la vie, limitant vos options et restreignant votre mode de vie.

Les luxes de la vie peuvent être largement évités tant que les besoins de base sont présents. Le luxe est un ajout et peut attendre

un certain temps tant que nous avons assez d'argent dans nos poches.

Cela peut sembler restrictif pour beaucoup de gens. Ils pourraient même faire valoir qu'il n'est pas logique d'attendre un avenir fantastique alors que vous avez de l'argent pour satisfaire tous vos besoins et désirs. Tout d'abord, vous devez comprendre que l'argent ne peut rien vous garantir dans la vie.

L'argent n'est pas une fin en soi. Il appartient à chacun de gérer l'argent de manière judicieuse pour satisfaire ses fins. Vous devez être strict avec votre argent et le dépenser uniquement pour des choses dont vous ne pouvez pas vous passer.

Cette logique s'applique non seulement aux adultes, mais aussi aux étudiants et aux enfants. La valeur de l'argent doit être perçue dès le plus jeune âge afin que le monde entier ne tourne pas autour de l'argent. Il y a d'autres choses dans la vie qui ne sont pas seulement de l'argent.

Si vous savez exactement ce que vous voulez et ce que vous voulez devenir dans la vie, vous pouvez travailler à l'obtenir et à en tirer profit. Une fois que vous êtes financièrement sûr et indépendant, vous pouvez vivre votre vie comme vous le souhaitez.

Cela ne signifie pas que vous menez une vie de luxe en dépensant de l'argent pour des choses non désirées. En tenant compte de la différence entre les désirs et les objectifs, vous pouvez mener une vie pleine et sans entrave.

MILLIONNALEMENT

Chapitre 9: Organiser vos dettes pour la liberté financière

Les dernières données publiées par la Réserve fédérale, l'organisation qui suit et enregistre toutes les affaires monétaires aux États-Unis, révèlent que les Américains doivent plus de deux mille milliards de dollars sur leurs cartes de crédit et que la dette totale de chaque personne dans le pays s'élève à plus de sept mille dollars.

Ces chiffres stupéfiants concernant les dettes liées aux cartes de crédit aux États-Unis vont forcément toucher tout le monde. Quelles sont donc les solutions disponibles? Vous pourriez commencer par suivre les suggestions ci-dessous, qui vous aideront à

gérer efficacement vos responsabilités financières : Organisez votre dette en cours - Commencez par faire le point sur toutes les obligations renouvelables que vous avez. Cela inclut toutes vos cartes de crédit et de débit. Comptabilisez et enregistrez vos dettes en fonction des échéances de paiement, des factures, etc. La comptabilisation des taux d'intérêt applicables permet de calculer le montant exact que vous devez.

Il est important de connaître le taux d'intérêt de vos dettes mensuelles, car il s'agit du coût permanent que vous supportez chaque mois par rapport à vos dettes en cours. Il est donc avantageux pour vous de pouvoir rembourser le prêt en appliquant le taux d'intérêt le plus élevé dès que possible.

Donc, lorsque vous effectuez des paiements, essayez d'envoyer le plus possible au prêteur ayant le taux le plus élevé, même si cela signifie qu'il ne vous reste que les paiements minimums dus sur le reste. Ainsi, une fois

MILLIONNALEMENT

que la dette ayant le taux d'intérêt le plus élevé a été remboursée, vous pouvez suivre la même politique pour le prêt ayant le taux d'intérêt suivant le plus élevé.

Négociez pour obtenir des taux d'intérêt plus bas - essayez de maintenir un historique de paiement impeccable, puis appelez ou rencontrez vos prêteurs et demandez-leur de baisser votre taux d'intérêt. Comme il est coûteux pour les prêteurs de trouver de nouveaux clients, si votre solvabilité est avérée, ils essaieront toujours de vous garder.

Par conséquent, la plupart des prêteurs seront redevables aux clients en règle de bénéficier des taux réduits. Toutefois, une fois qu'ils acceptent de baisser votre taux, assurez-vous de payer vos factures à temps ; sinon, ils peuvent retirer la facilité et augmenter à nouveau le taux d'intérêt applicable.

Utilisez des espèces quand vous le pouvez - Comme il est beaucoup plus facile d'utiliser une carte que de transporter de l'argent liquide ou de faire des chèques, la plupart d'entre nous prennent l'habitude d'utiliser des cartes même si elles entraînent des frais. Essayez donc de cultiver l'habitude de faire un chèque et de payer en liquide plutôt que d'utiliser instinctivement la carte de crédit.

Gardez toujours à l'esprit qu'un achat par carte de crédit n'est pas un cadeau mais un prêt. Soyez donc bien conseillé lorsque vous utilisez la carte : préférez ne pas l'utiliser du tout si vous ne pouvez pas en assumer la responsabilité.

N'oubliez pas qu'il vaut mieux ne pas dépenser pour tout que de dépenser tellement que cela commence à vous faire du mal.

 MILLIONNALEMENT

Si vous pouvez organiser vos finances, minimiser vos coûts et les rendre proportionnels à vos revenus, vous serez sûr de mettre de l'ordre dans le financement de votre tournée et d'éviter tout problème à l'avenir. Si vous y réfléchissez bien, la liberté financière n'est pas un travail si difficile, et elle vaut bien tous les efforts.

 MILLIONNALEMENT

Chapitre 10: Six façons d'enseigner aux enfants l'argent et les marchés financiers

Si vous envisagez d'apprendre à votre enfant à gérer l'argent, le meilleur moyen est de commencer à rembourser vos dettes rapidement. Quand l'argent compte, les enfants doivent avoir une expérience de première main. S'ils le font, ils comprendront ce qu'il faut pour faire l'échange.

Si votre enfant veut quelque chose de vous, au lieu de l'acheter, donnez-lui l'argent. Vous devez comprendre qu'il est important que votre enfant sache comment gérer l'argent.

 MILLIONNALEMENT

Lorsqu'un enfant atteint un certain âge, vous devez vous rendre compte de ses penchants et le laisser gérer l'argent tout seul. Laissez l'enfant acheter ses propres besoins de base, comme les fournitures scolaires. Mais assurez-vous que l'enfant connaît ses limites. En tant qu'aidant familial, vous devez garder un œil attentif sur ses activités.

L'étape suivante consisterait pour vous, en tant que tuteur, à établir un budget pour vos enfants. Les enfants, quel que soit leur âge, ont la possibilité de tenir un carnet dans lequel ils peuvent noter l'argent dont ils disposent et celui qu'ils ont dépensé.

Assurez-vous que vos enfants connaissent leurs objectifs futurs et il est de votre devoir de veiller à ce qu'ils les atteignent.

Au fur et à mesure que votre enfant grandit et mûrit, ouvrez-lui un compte d'épargne - vous serez surpris de voir à quel point cela

peut être formidable ! C'est très satisfaisant de voir les intérêts composés s'additionner. Faites un effort supplémentaire et montrez à votre enfant comment le compte se développe. Et lui montrer que s'il continue à le faire, comment sera le compte après quelques années.

Faites-lui jouer un rôle important lorsque vous effectuez un achat important, comme un lave-vaisselle ou une voiture. Faites-lui savoir que la quantité de recherche nécessaire à un nouvel achat Le processus de comparaison et de négociation des remises est important et vous l'apprendrez. Assurez-vous que votre enfant est avec vous le jour même de l'achat.

Vos enfants seront privilégiés s'ils ont un don pour le monde des affaires. Augmenter la valeur du stock et, avec le temps, s'ils commencent à en posséder, elle pourrait s'améliorer. La hausse et la baisse des prix seraient intéressantes pour les jeunes investisseurs. Nous leur devons donc une totale liberté.

 MILLIONNALEMENT

Chapitre 11: Indépendance financière des personnes âgées

Le programme de prêts hypothécaires inversés lancé par le gouvernement a été une bénédiction pour de nombreuses personnes âgées. Ce plan, qui permet aux personnes âgées de 62 ans et plus d'échanger une partie de la valeur nette de leur maison contre de l'argent non imposable et qui n'a pas à être remboursé de leur vivant, leur permet de mener une vie pleine et sans contrainte, même si la majeure partie du pays est en proie à des dépenses croissantes dans tous les domaines de la vie.

En outre, les effets de ces dépenses sont multipliés lorsqu'il s'agit de la génération plus âgée, car celle-ci doit faire face non seulement aux impôts fonciers, mais aussi aux dépenses générales telles que la santé et le ménage.

Ainsi, cela finit par rendre la vie des personnes âgées tout sauf détendue et paisible.

Les impôts fonciers de plus en plus élevés deviennent un fardeau pour ces personnes âgées. Elle est particulièrement problématique pour les professionnels retraités pour lesquels deux mois d'épargne correspondent à un petit montant d'impôt dû.

Ce problème fiscal est en train de devenir la cause du départ d'un grand nombre d'entre eux dans la vingtaine et la trentaine en raison de leur incapacité à payer. C'est là que la Kaye Financial Corporation, l'une des principales sociétés de crédit hypothécaire du

 MILLIONNALEMENT

Michigan, a été d'un grand secours pour ces personnes âgées.

Étant donné que la plupart de ces personnes sont obligées de survivre avec un certain montant de revenu donné, elles sont obligées de faire des compromis sur des facteurs importants dans leur vie pour payer les loyers des maisons.

Mais maintenant, grâce à ce nouveau système de prêt hypothécaire inversé, ils peuvent utiliser l'argent supplémentaire pour vivre pleinement, sans se soucier de savoir comment obtenir des ressources pour survivre, même après la retraite.

Cela est d'autant plus avantageux que l'argent est fourni en fonction des besoins de la personne. Il peut être envoyé dans son intégralité en quantité massive, une fois par mois, ou en petites quantités si nécessaire.

Ainsi, il devient avantageux pour chacun en fonction de ses besoins.

En outre, comme la plupart des prêts sont interdits aux personnes âgées, le prêt inversé est une nouvelle rassurante pour elles, car il n'y a aucune condition de revenu, de santé ou d'âge pour en faire la demande. Ainsi, ces programmes procurent aux personnes âgées un sentiment de bien-être, de liberté et de sécurité.

En outre, ils peuvent utiliser l'argent de ce plan de prêt hypothécaire inversé pour payer les impôts, le loyer, les factures et d'autres dépenses telles que l'hypothèque, afin de pouvoir vivre une vie sans engagements. On peut donc dire que le plan d'hypothèque inversée est alors la meilleure chose qui pouvait arriver à ces personnes âgées, car elles pourront désormais continuer à vivre

 MILLIONNALEMENT

leur vie dans toute la mesure de leurs souhaits.

 MILLIONNALEMENT

Chapitre 12: Indépendance financière et planification de la retraite

L'indépendance financière est essentielle pour nous tous après la retraite. Nous voulons tous une vie confortable et détendue dans nos vieux jours. Malheureusement, la plupart d'entre nous ne peuvent pas avoir le genre de vie qu'ils voulaient après avoir quitté leur travail, simplement par manque d'argent.

Dans plusieurs situations, les gens doivent continuer à travailler même après la retraite, simplement pour subvenir à leurs besoins fondamentaux. Les circonstances malheureuses auraient pu être différentes

avec une certaine quantité de préparation et d'investissement prudents et faciles.

Ces points peuvent vous permettre d'avoir l'indépendance financière et la vie que vous vouliez à un âge plus avancé.

1. La position à laquelle vous aspirez à la fin: N'oubliez pas que la partie essentielle de tout plan de vieillissement consiste à déterminer la position que vous souhaitez occuper dans la dernière partie de la vie. La plupart d'entre nous n'ont aucune idée de la vie qu'ils souhaitent mener dans la vieillesse, et nous nous lançons donc dans des projets de vieillesse sans avoir un objectif mental précis en tête.

2. Liste de souhaits: Tout comme vous ne conduisez pas une voiture sans avoir une idée de l'endroit où vous voulez aller, ne planifiez pas sans réfléchir. Lorsque vous souscrivez à un régime de retraite, indiquez tous ceux que vous souhaitez avoir après avoir quitté votre travail. Indiquez le type de résidence que vous souhaitez, le type de voiture que vous souhaitez, le type de vie que vous souhaitez, etc. Ne manquez rien. Notez tout jusqu'au moindre détail.

3. gardez la feuille de papier dans un endroit plus accessible: De cette façon, vous pouvez le voir autant que possible. Ce processus permettra de fixer progressivement les objectifs que vous vous êtes fixés pour la retraite et la vieillesse sur le plan mental. Ensuite, vous formerez progressivement des concepts pour atteindre ces objectifs simplement en les voyant et en les possédant mentalement.

4. Calculer l'argent nécessaire pour atteindre les objectifs: Calculer le montant du financement nécessaire pour réaliser les objectifs. Ensuite, recherchez les actifs et les politiques d'investissement qui peuvent vous y mener. Je vous propose de prendre connaissance de tous les plans de retraite et

 MILLIONNALEMENT

de prévoyance vieillesse. Vous serez alors en parfaite maîtrise de l'avenir.

La plupart d'entre nous confient les différents aspects de nos plans de retraite à une société de gestion de fonds. Mais vous vous en occupez vous-même. Consultez les livres qui traitent des politiques d'investissement et des moyens de gagner de l'argent.

Ces points peuvent vous aider à mener une vie financièrement libre dans vos dernières années.

 MILLIONNALEMENT

Chapitre 13: La liberté a un prix

Pour toute personne qui envisage ou qui va créer une entreprise à domicile, il existe des conditions et des avertissements de base qui sont rédigés en petits caractères et sur lesquels les recruteurs potentiels ne disent jamais grand chose. Mais il est impératif que vous accordiez l'attention nécessaire à ces vérités fondamentales.

Tout d'abord, n'oubliez pas que vous devrez toujours faire des sacrifices. Vous devrez dépenser de l'argent, du temps et de l'énergie pour faire démarrer une entreprise. La plupart des recruteurs déforment l'opportunité lorsqu'ils insistent sur le fait que n'importe qui peut le faire, sans parler du taux d'échec élevé.

Cela signifie que vous devrez sacrifier une partie ou la plupart du temps que vous passeriez autrement à faire les choses que vous aimez ou en compagnie de vos amis et de votre famille. Cela entraînera sans aucun doute du stress et du ressentiment et vous devez vous préparer à l'avance à en gérer les conséquences.

En outre, vous aurez besoin d'une énergie supplémentaire, au-delà de votre quota habituel pour votre travail, votre famille et votre foyer, pour faire les choses nécessaires à votre entreprise. Vous devez donc puiser dans vos réserves supplémentaires : développez votre volonté de réussir et restez motivé en vous disant que tout cela en vaudra la peine à long terme.

Quant aux sacrifices financiers, il existe des moyens d'absorber progressivement le fardeau, voire de l'éliminer complètement, mais il faut d'abord mettre de l'argent de côté pour faire avancer les choses.

La stratégie consiste à pouvoir considérer ces sacrifices comme quelque chose de positif et de productif. Il faut donc être optimiste et les considérer comme des investissements pour votre avenir et votre indépendance.

Considérez les avantages de la prudence et de la force : ne vous laissez pas décourager par les premiers échecs, mais apprenez-en. Vous pouvez faire de vos sacrifices et de vos échecs le fondement de votre succès.

Votre succès est ce que vous faites et vous donnez à vous-même. Vous pouvez considérer cela comme votre récompense, comme quelque chose qui a déjà été fait en votre nom, mais votre rôle est de le mériter, de le faire vôtre. Alors, allez-y et cherchez le succès qui vous attend pour y parvenir. Il y aura des moments où vous serez mis à l'épreuve, mais vous devrez serrer les dents, serrer les poings et presser. Dans des moments comme celui-ci, il suffit de fermer l'esprit à tous les éléments négatifs et d'insister pour garder à l'esprit votre objectif et votre vision. Tout cela est beaucoup plus facile à dire qu'à faire, mais c'est aussi le long et difficile chemin qui mène au succès.

 MILLIONNALEMENT

Chapitre 14: Fixer des objectifs d'indépendance financière

La première chose à faire pour gérer votre argent est d'avoir un objectif financier. La nouvelle année est un moment idéal pour vous aider à prendre des décisions importantes. C'est le moment de revoir vos objectifs financiers. Vos objectifs vous aideront à progresser sur le plan financier.

Vous devriez avoir quelque chose pour quoi travailler chaque jour. Vous devez avoir un budget planifié et utiliser ces objectifs que vous avez fixés comme feuille de route. Ces objectifs financiers contribuent à vous motiver et à vous encourager à épargner. Sans un plan adéquat, il est difficile d'aller quelque part, il est donc important d'être bien dirigé.

Si vous n'avez pas d'objectif financier, vous ne pourrez jamais atteindre l'indépendance financière. Vous devez mettre le doigt sur les choses que vous devez réaliser. Faites une liste des choses que vous voulez. Votre liste peut commencer par la première étape consistant à être sans dette ; vous pouvez continuer à devoir en ouvrant un compte de retraite, en épargnant suffisamment pour parrainer une maison pour vous-même et pour d'autres besoins fondamentaux.

Ne laissez pas tout cela vous empêcher de mettre par écrit tout ce que vous voulez et voulez inclure dans votre planification financière. Si vous êtes à la recherche de nouveaux meubles ou d'un voyage en Europe, incluez-le aussi.

Ce sont des objectifs financiers qui sont réalisables. Veillez à bien hiérarchiser vos souhaits. Vous devez vous rendre compte que le désendettement est de la plus haute urgence, alors qu'un tour d'Europe peut attendre.

Il y a certains objectifs sur lesquels nous travaillons constamment, et d'autres qui attendent que certains objectifs soient atteints avant de pouvoir être exécutés. Il est important de fixer des contraintes de temps pour la réalisation des objectifs.

Par exemple, il peut s'écouler environ 25 ans avant que vous ne preniez votre retraite, et vous voudriez donc être débarrassé de vos dettes dans environ 6 ans. Travaillez avec sagesse pour atteindre vos objectifs. N'oubliez pas que vous êtes toujours prêt à les changer.

Votre prochaine étape consistera à décomposer vos objectifs en objectifs à court terme. Lorsque nous divisons une grande tâche en petites étapes, cela nous aide à mieux les accomplir. Cela rend la tâche plus facile. Voyons comment cela pourrait fonctionner pour nous sortir de l'endettement. Nous devons accomplir une tâche à la fois.

Succès et prospérité!

MILLIONNALEMENT

ROUTE VERS LE SUCCÈS FINANCIER

LIVRE 3

 MILLIONNALEMENT

ROUTE VERS LE SUCCÈS FINANCIER

 MILLIONNALEMENT

Prélude

Ce livre est conçu pour répondre aux besoins des personnes qui veulent atteindre de plus hauts sommets en mettant en œuvre des concepts très simples mais puissants qui ont le potentiel de changer complètement leur vie.

Il ne s'agit pas d'un livre basé sur une recherche hypothétique ou un traité philosophique, mais plutôt d'un livre qui découvre des informations qui apporteront une incitation durable à libérer les ressources internes de la force et de la dynamique de la volonté.

En fait, il s'agit d'une compilation de faits présentés dans un anglais simple et profane qui contient des informations qui vous

 MILLIONNALEMENT

apporteront une joie immense et un succès dans votre vie.

Il contient des vérités profondes et dynamiques, exprimées en quelques mots puissants, qui suscitent une prise de conscience renouvelée de nos ressources intérieures latentes illimitées, qui attendent d'éclater au grand jour. Elle comprend des expressions pratiques qui ont le potentiel d'apporter le succès, la santé, la richesse et un bonheur durable.

Nous commençons...

L'un des points les plus difficiles à concilier dans la vie est le paradoxe de la souffrance dans ce monde. La souffrance est éminente.

Bien sûr, il est tout aussi important de réaliser que l'acquisition et la possession de richesses ne sont pas une règle qui mesure le bonheur de chacun. Si la joie se trouvait réellement dans les matériaux, alors tous ceux qui ressentent son "émotion" au contact de l'objet observeraient la même mesure de joie.

Dans la vie, les hommes sont continuellement motivés par deux pulsions inévitables de répulsion : la douleur et l'anxiété, d'une part, et la recherche de la joie et de l'épanouissement absolu, d'autre part. Dans la recherche du bonheur, il est obligé de courir après ce qui est agréable et plaisant,

tandis que lorsqu'il est confronté au contraire, il évite les objets indésirables et les environnements désagréables.

Le fait est le suivant : tout au long de l'histoire, tous ceux qui ont réussi, consciemment ou inconsciemment, ont utilisé cinq principes, qui sont communs au progrès absolu dans tous les aspects de la vie.

 MILLIONNALEMENT

Les 5 principes pour débloquer la richesse

Ces principes sont la clé pour débloquer l'incroyable réservoir de richesse, d'abondance et de succès. Elles sont toutes centrées sur nos véritables qualités innées, qui sont en fait universelles et fondées sur la spiritualité. Ces principes sont :

- La vérité
- Justice
- Paix
- Amour
- Non-violence

La pratique de ces vertus permettra à chacun de progresser dans la vie sans aucun doute.

 MILLIONNALEMENT

La raison en est simple.

Ces principes universels sont tous attrayants et constituent bien sûr les pierres angulaires du code de déontologie. Vous ne pouvez pas vous tromper en mettant en pratique l'importance des valeurs morales, des codes de conduite et en obéissant à la loi de la nature dans votre quête de richesse.

Dans les pages qui suivent, vous découvrirez l'objectif d'atteindre la liberté financière tout en acquérant l'art parfait du bonheur, en comprenant que la mesure du bonheur n'est pas "directement" proportionnelle à la richesse monétaire.

Ce manuscrit concis, précis et direct explore des pistes qui vont certainement changer votre vie pour le mieux.

Contrairement à de nombreux autres livres sur le même sujet, ce manuscrit explore des

 MILLIONNALEMENT

domaines thématiques en rapport avec des aspects de votre vie personnelle et de votre croissance qui, je peux vous le garantir, vous redonneront le sourire. C'est un livre clair, ciblé et surtout lisible que vous apprécierez.

 MILLIONNALEMENT

Cela ne peut-il jamais arriver?

Alors que le pessimisme nous met en garde contre les dangers qui se cachent sous nos yeux, l'optimisme peut conduire à une fausse sécurité. Le pessimisme ne doit être considéré que comme une situation initiale et non comme une situation finale dans n'importe quelle situation - c'est la première étape vers le succès.

À maintes reprises, nous avons été soumis à des situations inquiétantes, et au plus profond de nous-mêmes, nous prenons conscience des dangers et des risques potentiels qui nous entourent, et la voix rejette catégoriquement cette situation menaçante qui nous confronte, en tant que telle, car nous ne reconnaissons pas cette voix, notre accrochage mental au monde extérieur nous éloigne de la voix intérieure de la **VÉRITÉ**, qui nous fait totalement dévier pour ainsi dire.

La deuxième étape vers le succès et la richesse consiste à se convaincre de l'importance de la maîtrise de soi, de la conscience de soi et de l'autodiscipline.

Nous devons écouter la voix intérieure et réaliser l'existence d'une force innée ou Volonté Dynamique - la puissante puissance qu'elle exprime à travers l'esprit, le corps et l'intellect ! Par conséquent, la deuxième étape vous permet de développer la foi non seulement dans ce que vous pouvez faire et réaliser, mais surtout dans le développement de la foi en vous-même (vos qualités innées, inhérentes et latentes).

La troisième étape exige qu'en faisant preuve d'une vigilance constante, en utilisant la puissance de l'intelligence, de l'auto-analyse et de l'introspection, et en comprenant et en utilisant soigneusement ces concepts, vous puissiez apprendre à vivre au-delà des exigences de l'esprit, quel que soit l'environnement dans lequel vous vous trouvez - cela vous permettra de mettre en œuvre et d'embrasser le chemin de la richesse.

Il n'existe pas de repas gratuit. Si vous détestez faire du travail/effort mais que vous aimez réussir, vous devrez reconsidérer votre point de vue.

Donc, pour réaliser le second, il faut faire le premier et l'idée sensée est de trouver ce qui vous donne vraiment du plaisir et de découvrir ensuite s'il est possible d'en tirer de l'argent.

"Si vous ne commencez pas, vous ne réussirez pas.

MILLIONNALEMENT

À la poursuite de la richesse

L'affirmation "La précipitation rend le gaspillage vrai même aujourd'hui, et la plupart du temps, certains d'entre nous ont tendance à se sentir frustrés lorsque nous ne pouvons pas toujours être à la hauteur de nos idéaux et des normes que nous nous fixons.

À d'autres moments, nous pouvons avoir le sentiment que si nous avions accepté le défi qui nous était proposé, les choses auraient peut-être changé pour le mieux, mais il est également possible que dans notre trop grande anxiété pour atteindre l'objectif, nous fassions trop d'efforts et que nous nous épuisions complètement.

 MILLIONNALEMENT

Est-ce que ça vous est arrivé?

La question qui reste posée est la suivante : comment commencer, comment réussir dans la vie?

Eh bien, mon ami, soyez assuré que ce livre a été écrit pour répondre à cette question de manière satisfaisante, en éliminant toute confusion ou anomalie.

Il existe de nombreuses stratégies que l'on peut employer et divers moyens par lesquels on peut labourer pour atteindre l'objectif. Toutes ont en commun la confiance en soi, l'attitude moralisatrice ou l'honnêteté et une vie éthique (en paroles, en actes, en pensées

 MILLIONNALEMENT

et en actions) qui font partie de votre mode de vie - c'est la quatrième étape.

Dans toute entreprise, l'accent est mis sur les normes morales et éthiques les plus élevées, et cela ne doit pas être ignoré ou négligé.

La seule façon d'atteindre l'équanimité, l'équilibre ou l'équilibre, même après être devenu l'individu le plus riche, est d'avoir le sentiment de réaliser la véritable essence de la vie.

Rien n'est constant dans la vie. La vie change constamment et des choses qui semblent exister aujourd'hui peuvent cesser d'exister demain, et c'est un fait que vous - et tous les autres - devez apprendre à accepter.

Cinquième étape, lorsque vous découvrez quelque chose de profond et de beau, la tendance naturelle est de le partager avec les autres.

 MILLIONNALEMENT

Dans les chapitres suivants, vous découvrirez les véritables moyens d'atteindre une réussite totale. Ce livre vous permettra de libérer vos qualités innées au premier plan, vous permettant ainsi de récolter les bénéfices et les récompenses dont bénéficient actuellement des milliers de personnes dans le monde entier parce qu'elles sont devenues riches.

En suivant le guide dans les pages suivantes, et je crois vraiment que chaque personne a le potentiel pour réussir dans la vie.

"La richesse, c'est plus que de l'argent."

 MILLIONNALEMENT

L'échelle du succès

C'est le privilège de l'homme d'atteindre la grandeur totale, et en réalité le succès devrait être l'habitude de chacun. L'homme est essentiellement parfait, et les possibilités qui dorment en lui sont donc infinies.

Pour faire ressortir le meilleur de nous, une vie organisée et parfaitement disciplinée pour la découverte des potentialités qui nous attendent, est une vie bien remplie.

Le point essentiel n'est pas de savoir combien de talents chacun d'entre nous possède, mais l'importance doit se concentrer sur le nombre de nos talents, attributs et capacités existants que nous sommes prêts à développer, exploiter, explorer et mettre en œuvre dans notre vie quotidienne.

La question que vous devez vous poser est de savoir si vous utilisez concrètement au moins un grand talent qui vous est inhérent. Le seul principe fondamental est de comprendre que notre succès dépend entièrement de nous-mêmes.

La meilleure façon d'être heureux est de faire les choses que vous aimez naturellement et que vous aimez faire - quelque chose qui vous passionne absolument ! De même, la meilleure façon de réussir et de devenir riche est de s'assurer que l'on réalise les choses que l'on a sincèrement voulues dans la vie. Vous devrez donc consacrer vos efforts à des activités qui vous permettent de mesurer le succès.

Pour l'expliquer, il suffit de prendre en considération l'exemple suivant : si vous aimez l'art, la peinture et le dessin, alors la façon de procéder est de demander des

conseils sur les moyens de participer à des concours, et sur les moyens de présenter vos œuvres d'art par l'intermédiaire de galeries (en vous adressant directement aux galeries et en laissant vos œuvres en vente ou en échange) ou d'éditeurs d'art, ou encore de faire valoir votre talent en participant à des foires saisonnières où vous trouverez un grand nombre de détaillants de toutes sortes.

Vous pouvez ajouter plusieurs types de thèmes différents à votre portfolio artistique afin de maximiser vos capacités à atteindre un large public intéressé par différents thèmes/sujets.

Contactez des groupes, des forums et même des groupes de discussion sur Internet et explorez d'autres pistes (comme les photographes, les galeries et les cadres de photos, les conseils des arts et les organisations gouvernementales qui fournissent une aide, y compris des prêts, etc.) qui vous permettront d'intensifier vos

 MILLIONNALEMENT

recherches - l'idée est de poursuivre l'objectif sans relâche et avec une attitude positive.

En ce qui concerne votre sujet/question, postez des questions, des enquêtes, des sondages et déterminez ce que les gens recherchent, puis trouvez simplement le besoin et remplissez-le.

Chaque petit détail aidera, mais c'est la force nécessaire pour donner l'impulsion et c'est là le point essentiel. Un autre point utile est de ne pas simplement essayer, essayer et continuer d'essayer, mais de développer une attitude où vous faites ce que vous avez décidé de faire, mettre en œuvre et appliquer les stratégies présentées dans ce livre.

Enfin, ne vous arrêtez pas là : gardez la foi et ne renoncez à aucune défaite. Une fois que vous avez décidé de mettre le "plan" en action, assurez-vous qu'il reste vivant et brillant... les rejets et les déceptions ne doivent en aucun cas diminuer votre espoir, vos progrès et votre désir de réussite. Les personnes qui ont réussi malgré toutes les difficultés, la douleur et la lutte ont inspiré d'innombrables millions de personnes dans le monde entier - il est temps pour vous d'être un exemple pour les autres afin de suivre vos traces également.

Vous devez vous rappeler que les méthodes utilisées par les différents individus pour obtenir des richesses peuvent être différentes, mais l'objectif est commun à tous, et les étapes mentionnées ci-dessus sont en effet vos outils pour la réussite globale.

Il faut une très forte volonté pour se développer en interne, et la nécessité de deux attributs très importants, à savoir le courage et la confiance, sont des ingrédients essentiels. Ainsi, la pauvreté et la prospérité ne dépendent pas nécessairement de la connaissance dans son ensemble (par exemple, le sens des affaires, les stratégies de marketing, etc.), mais dépendent certainement des trois C, à savoir le caractère, la créativité et les capacités innées.

Le courage et la confiance peuvent à eux seuls produire une transformation unique, alors que le contraire n'apportera que beaucoup de douleur et de désespoir en temps de détresse et de crise. Cependant, malgré les problèmes de la vie, nous devons résister aux obstacles et aux entraves et, à ce titre, nous rappeler constamment le pouvoir suprême inhérent ou inné que nous possédons tous et que nous pouvons tous développer avec succès grâce au discernement spirituel. Par conséquent, ignorer nos capacités et notre potentiel pour développer le pouvoir personnel dont nous avons besoin pour passer à travers des expériences égoïstes demande une force et une discipline immenses, et j'explique dans

ce livre comment vous pourriez réaliser tout cela ici et maintenant.

Sans ces qualités, vous êtes voué à l'échec, et c'est pourquoi beaucoup de gens se sentent découragés parce qu'ils sont entrés en compétition ou ont simplement abandonné sous la pression, par manque de courage et de volonté dynamique.

Lorsque nos fantasmes et nos attentes ne se réalisent pas, nous avons tendance à revenir à nos anciennes habitudes - le vide que nous ressentons peut être très bouleversant et nous ne pouvons pas l'ignorer éternellement. Souvent, ce qui se passe exactement, c'est que, quel que soit le bien que nous faisons dans la vie, cela ne signifie pas que nous allons continuer. Ce n'est pas parce qu'elle exige une discipline impossible, mais parce que nous manquons de courage et de confiance, nous sommes submergés par une

attitude négative - c'est ce qui arrête tout sur son passage!

L'enthousiasme initial commence à s'estomper, et ce qui semblait si merveilleux devient un danger, un dilemme et un problème. L'esprit prend le dessus et les questions surmontent les doutes qui surgissent lorsque l'idée ou le concept tout entier est valable - un conflit survient, l'esprit dit une chose et l'intellect et notre intuition nous poussent à suivre la voie du "succès".

Avant même que le voyage ne commence, la fin est imminente, car nous sommes indécis quant au véritable chemin à suivre. Le succès réside dans ce que vous en faites, et non dans ce que vous "pensez" qu'il devrait être (ne fantasmez pas sur le succès).

Alors, comment commencer?

 MILLIONNALEMENT

Formule pour le succès

Ce que vous pensez et comment vous agissez est le facteur décisif qui vous aidera à découvrir l'objectif de la réussite. Ces deux attributs sont importants, de même qu'un ensemble cohérent de principes que vous devez suivre. Les pensées basées sur la raison sont un puissant catalyseur pour déclencher toute réaction, et une fois que vous vous y mettrez, vous vous rendrez vite compte que le courage est la simple vertu nécessaire à un être humain pour traverser la route rocailleuse.

Les obstacles sont naturels et constituent un moyen d'accéder à la source d'acquisition de la richesse, comme vous en conviendrez certainement. La persistance, la patience et la persévérance devront être pratiquées religieusement pour atteindre l'objectif et

MILLIONNALEMENT

surmonter les obstacles. Cela étant dit, je voudrais maintenant souligner les "P" que vous devriez désapprouver.

Ne remettez pas cela à plus tard, ne prétendez pas tout savoir et ne prolongez pas votre ou vos "entreprise(s)" à la fin. Soyez prêt à combattre les obstacles qui peuvent se dresser devant vous, mais poursuivez votre objectif et laissez votre volonté potentielle l'emporter.

Dans toute situation de vie, il est indéniablement important de garder la tête froide, malgré tous les "hauts et les bas" auxquels nous sommes susceptibles d'être confrontés. N'oubliez pas que la vie est par nature dualiste - l'avers et le revers d'une même pièce de monnaie pour le dire simplement. Je suis obligé d'ajouter que si nous savons que le passé est la cause et le présent l'effet, il est clair qu'avec le temps le présent lui-même devient la cause en référence au futur.

 MILLIONNALEMENT

Une signification très profonde est enchevêtrée dans cette syntaxe, et si elle peut être liée au succès, alors on peut dire que si nous vivons intelligemment dans une autodiscipline scientifique, nous pouvons devenir les architectes de notre propre avenir.

 MILLIONNALEMENT

Les étapes de base

Les lignes directrices suivantes vous aideront à ouvrir la voie vers le succès final.

Les étapes sont très simples à mettre en œuvre dans votre vie quotidienne.

1. Faites ce que vous aimez et ce pour quoi vous êtes bon.

2. Soyez prêt à apprendre et à être positif (motivation et enthousiasme).

3. être un individu innovant.

4. Soyez prêt à investir non seulement de l'argent, mais aussi du temps, des efforts et des ressources.

 MILLIONNALEMENT

J'ai parlé d'argent - cela ne veut pas dire qu'il faut investir une grosse somme pour devenir millionnaire ou riche.

5. Vous devez faire preuve de discipline dans la fixation des buts et des objectifs. N'oubliez pas que la persistance est la clé du succès.

6. Vous devez être prêt à gérer efficacement votre temps.

7. En évoluant, apprenez à redonner à la société ce que vous aimez. C'est ce que j'appelle de la philanthropie.

Vous devez avoir une vision solide - une vision dans laquelle vous vous considérez comme ayant réussi. De grandes personnalités du passé et du présent vous assurent cette position convoitée en employant ces étapes de base.

Cependant, remarquez que dans l'étape 2, j'ai délibérément utilisé le mot "apprendre", et cela aussi pour une très bonne raison. La vie est le plus grand des maîtres, vous devez donc être prêt à accepter des défis tout le temps (en utilisant le pouvoir de la discrimination) et, par conséquent, vous devez apprendre à travers ses principes éternels la magnifique doctrine qu'elle a révélée au fil du temps. Cela signifie que vous devez agir au bon moment.

L'action est incroyablement importante et met en évidence les succès : tous deux sont synonymes d'honnêteté. Le succès exige des actions, mais l'ingrédient essentiel est le sérieux. Être trop sérieux peut ruiner votre entreprise, donc le but est de s'amuser.

Toute discipline exige de l'organisation et de l'ordre. Comme je l'ai mentionné dans l'introduction, vous devez être prêt à écouter

votre voix intérieure autant que possible. Cela signifie qu'au lieu de trop dépendre de votre famille, de vos amis, etc. (non pas que ce soit mauvais) commencez à avoir confiance en vos propres capacités.

Seul, et s'efforcer d'apprendre et de réussir. Souvent, les échecs peuvent être le résultat de cas où nous avons cessé d'exercer nos propres opinions ou sommes devenus trop dépendants de celles des autres.

Le succès n'est pas un secret que vous devez chercher ou déterrer pour atteindre votre destination ; c'est plutôt le facteur de compréhension ou de reconnaissance que vous développez par rapport à ce que vous voulez vraiment dans la vie. Intuition, courage, compétences, connaissances, défis et opportunités sont quelques-uns des concepts qui déterminent les traits des personnes qui jouissent de la richesse. Toute tâche accomplie dans le bon esprit vous donnera la victoire. L'attitude mentale est ce qui vous donnera le succès, mais une attitude

négative, la paresse et le travail involontaire entraîneront l'échec.

N'en attendez pas trop, mais votre approche doit être positive et vous devez exécuter votre tâche avec une perfection absolue, en accordant une attention particulière à votre ou vos objectifs à long terme. Cela signifie que vous abordez votre devoir avec une énergie concentrée et que vous exécutez vos plans avec droiture. Cela devrait être votre philosophie de vie.

Pour lancer une nouvelle entreprise, il est essentiel que vous preniez conscience de ce qui suit, dont je dois dire qu'il est crucial. Vous devez comprendre que pour créer une entreprise, vous devez vous familiariser avec le terme "cash flow". L'investissement sous forme de capital est une exigence, mais le concept de viabilité de l'entreprise est plus important.

 MILLIONNALEMENT

Étapes vers la richesse personnelle

La prise de décision est peut-être l'étape la plus difficile dans votre quête pour commencer le voyage vers la richesse. Le problème est que tant que vous n'irez pas au fond de vous-même pour libérer vos qualités innées, vous risquez d'être indécis et hésitant. Ce n'est pas mauvais en soi, mais la plupart du temps, ce "sentiment" ne vous permet pas de réaliser tout votre potentiel.

Il n'y a pas de secret pour libérer tout votre potentiel - le "secret" réside dans votre volonté d'écouter votre voix intérieure. L'initiative de saisir une bonne occasion qui se présente à vous consiste à entreprendre la tâche de manière méthodique.

MILLIONNALEMENT

Asseyez-vous tranquillement, calmez vos sens et vos pensées, et méditez profondément sur le sujet qui vous occupe. Ne vous lancez pas d'un coup dans quelque chose juste parce que l'idée vous semble favorable. La plupart des choses semblent très "bonnes" dans la phase initiale, mais la réflexion, la planification et le temps sont des conditions préalables. Souvent, c'est quelque chose en vous qui vous dira quoi faire. Le secret ne vient pas nécessairement de l'extérieur, mais peut être acquis de l'intérieur.

S'efforcer de faire de son mieux à tout moment est le petit secret qui vous aidera à accumuler des richesses. L'imagination (c'est-à-dire l'imagination constructive), qui est la faculté de visualiser, est un facteur important de la pensée créative - mais comme vous pouvez le constater, il ne sera pas possible de le faire sans une forte volonté, et surtout cette faculté de visualisation doit mûrir en une croyance et une conviction solides.

1) Vous devez avoir le désir d'atteindre votre objectif de gloire - c'est la règle numéro un.

2. Soyez prêt à gérer efficacement l'argent en ce qui concerne la budgétisation, les dépenses et la responsabilité et/ou l'obligation de rendre compte.

3. Ne dépensez pas plus que ce que vous êtes tenu de faire et ne dépensez pas moins que ce que vous gagnez.

4. Les problèmes personnels, y compris la dépendance à d'autres produits que la drogue, etc. peuvent être ruineux. C'est une question qui doit être abordée dès le début.

5. Trouvez des moyens d'investir et, surtout, commencez à épargner de l'argent. Vous devrez faire preuve d'intelligence et de discernement dans vos priorités.

Dans toute entreprise, vous êtes susceptible d'être confronté à de nombreux antagonismes, loin d'une situation idéaliste. Au-delà des attentes, l'optimisme et la tendance à "souhaiter" que les choses se déroulent comme prévu peuvent conduire et conduisent souvent à l'échec.

Par conséquent, comme mentionné ci-dessus, la planification est très importante pour votre réussite. Bien entendu, les autres facteurs à prendre en compte sont le surmenage et l'épuisement professionnel. Dans l'espoir de gagner vos millions, il est probable que vous deveniez une épave frustrée et que vous vous découragez - cela ne vous aidera pas dans votre progression ou votre quête de richesse.

MILLIONNALEMENT

Atteindre son objectif

Lorsque vous persistez à refuser d'accepter l'échec, sachez que l'objet que vous vous êtes fixé se matérialisera grâce à la puissance de la volonté dynamique.

Les pensées peuvent être des outils incroyablement puissants, et si vous êtes prêt à mettre en œuvre ce don divin, alors vous êtes sûr d'atteindre votre objectif. Si vous vous accrochez à une pensée particulière avec une volonté dynamique, elle prend une forme extérieure tangible.

Le moment est venu de cautériser les caractéristiques négatives inhérentes sous forme d'habitudes, de manque de volonté, de manque de confiance, d'hésitation et d'attitude erronée vis-à-vis de la vie en général. Vous avez en vous le pouvoir de réaliser tout ce que vous voulez ; ce pouvoir réside dans la volonté. La principale cause d'échec dans la vie est le manque de concentration - ne pas accumuler les idées, les concepts et les stratégies d'un seul coup dans l'espoir de réussir. Commencez lentement et soyez cohérent dans la définition de vos objectifs.

Concentrez votre attention sur une chose à la fois, et ne laissez pas votre **ESPRIT** entrer dans un état de "surcharge". Il existe une façon scientifique d'utiliser la concentration, et le mot magique est de rester calme, tout en exécutant toutes ses tâches avec la bonne vitesse.

NE PAS se précipiter et créer le chaos, mais plutôt se concentrer méthodiquement et méticuleusement et se concentrer entièrement sur ce que vous entreprenez, et l'important est de garder l'esprit flexible.

Une fois que vous savez que vous êtes vraiment sur la bonne voie et sur le point d'atteindre votre objectif, faites attention à la gestion de votre temps. Il est souvent très facile de s'impliquer dans un projet au point de se laisser emporter par le perfectionnement de ce qu'on est en train de faire.

Vous devez donner la priorité à votre travail et surtout respecter et honorer la valeur du temps - ne perdez pas votre temps et votre vie !

MILLIONNALEMENT

Les clés du succès

Comme je l'ai déjà mentionné, l'environnement joue un rôle très important, car il est tout à fait inévitable, en particulier notre environnement intérieur.

Une personne calme et détendue a beaucoup plus de chances de s'en sortir dans une situation difficile que son homologue - une personne dont les nerfs sont frustrés et erratiques. Le premier a ses sens pleinement identifiés à l'environnement dans lequel il se trouve.

Cependant, l'individu agité ne comprend pas l'environnement et se met donc en difficulté. Les mots clés sont concentration, attention et soin dans tout ce que vous faites dans la vie.

MILLIONNALEMENT

1. élaborer un but/objectif défini et bien défini

2. Élaborer un plan/programme intelligent et réalisable.

3. Prenez soin de votre santé. Sans santé, il n'y a pas de véritable richesse.

4. Vous devez conserver votre énergie.

5. Soyez honnête dans votre vie (en paroles, en actes, en pensées et en actions).

6. Tenez-vous en aux vertus et adoptez de bons principes.

7. Réfléchissez à des personnalités idéales et cherchez la force de votre philosophie.

MILLIONNALEMENT

8. Cherchez la direction divine et soyez sincère.

9. S'efforcer d'aider et de servir les autres avec gratitude.

10. Pensez toujours positivement et croyez en la puissance de Dieu.

La pensée transformatrice est en effet la voie du succès. Établissez un plan pour atteindre votre objectif et ruminez délibérément sur la signification de ce plan et faites-en une réalité.

Depuis des temps immémoriaux, de grandes personnes de tous horizons sont apparues comme de véritables vainqueurs et la raison en est d'entraîner l'esprit au bonheur. La discipline éthique est essentielle, en particulier l'autodiscipline.

MILLIONNALEMENT

Chaque individu est unique. Ce qui est bon pour la personne A peut ne pas l'être pour la personne B. Cependant, il convient de souligner que chacun peut jouir du calme, de la solitude et du silence, et pour être honnête, chaque individu, indépendamment de son âge, de sa caste, de ses croyances, de sa couleur, de son sexe, a connu à un moment ou à un autre la paix.

Après avoir découvert par essais et erreurs, vous pouvez déterminer la manière précise de composer votre corps-esprit complexe et ainsi atteindre de grands sommets.

La méditation n'est peut-être pas efficace pour tout le monde, mais cela ne signifie pas que vous ne devez pas improviser de telles méthodes lorsque c'est nécessaire.

Soyez systématique, et votre seul objectif devrait être d'employer des méthodes qui vous apportent succès et bonheur.

MILLIONNALEMENT

Nos facultés mentales déterminent nos actions, et il est tout à fait évident que l'esprit doit être apprivoisé et maîtrisé. Une vigilance constante est nécessaire et une formation continue de l'esprit ouvrira la voie au succès final.

Ne vous laissez pas dicter votre conduite par votre esprit !

Les idéaux optimistes, héroïques et nobles ont un effet puissant et édifiant sur le corps. L'enthousiasme, l'application délibérée et bien orchestrée de soi-même dans une ambiance joyeuse et un optimisme absolu est la voie secrète vers la richesse pour tous les grands hommes.

 MILLIONNALEMENT

Le pouvoir des pensées

Le chapitre précédent a souligné l'importance de cultiver une attitude juste et de développer la foi en ce que l'on cherche à réaliser dans la vie.

Rien dans la vie n'est impossible, sauf si vous croyez qu'il en est ainsi. Les pensées sont de remarquables "faisceaux" d'énergie et si vous vous accrochez avec ténacité à une certaine pensée avec une volonté dynamique, il n'y a aucune raison pour que cette pensée ne puisse pas se manifester selon le plan que vous avez créé.

J'ai brièvement mentionné plus tôt comment une personne intéressée par l'art peut accroître ses capacités à exceller dans la vie. Je vais maintenant utiliser le même exemple pour illustrer le pouvoir de la pensée. Un artiste développe une idée pour créer une peinture ou un dessin d'un beau paysage.

Le processus de réflexion initie une série d'idées et l'artiste utilise ensuite ces idées pour produire l'œuvre squelettique, ce qui lui permet d'achever l'œuvre finale selon le plan mental initialement créé. Une simple réflexion permet à l'artiste de créer le chef-d'œuvre!

Cette création est en soi un principe scientifique basé sur la loi universelle de la création. C'est la source à partir de laquelle tout se manifeste. Elle est en nous tous, et elle peut certainement être exploitée si vous êtes prêt à essayer. Le secret n'est pas vraiment un secret, mais c'est un trésor caché en chacun de nous et nous avons le droit de l'utiliser de la manière la plus efficace.

N'est-il pas vrai que lorsque vous voyez quelqu'un d'aussi heureux et euphorique, votre esprit s'embrouille de joie et vous découvrez qu'il y a un sourire sur votre visage?

Les pensées sont si étroitement liées à l'esprit. Si les pensées sont calmes, l'esprit est calme. Dans tous les aspects de la vie, qu'il s'agisse de créer une entreprise, d'obtenir son premier emploi ou de se marier, la relation entre l'esprit et la pensée est la plus importante.

Systématiquement, nous devons donc former et discipliner l'esprit pour une pensée correcte et une activité diligente, et ainsi avoir une compréhension correcte de ce que vous voulez vraiment dans la vie, et comment cela ajoutera au dynamisme efficace dans votre poursuite et ce que vous recherchez en fin de compte - votre chemin vers le succès et la richesse deviendra gracieux, significatif et accessible!

Les personnes possédant certaines qualités sont attirées presque magnétiquement, et ces qualités sont appelées des qualités positives. Ces qualités sont présentes en chacun de nous, mais elles ne sont ni invoquées ni clairement comprises. Nous savons ce que signifient l'amour, la bonté, le courage et la joie ; ce sont de nobles vertus, et nous les reconnaissons aussi comme des qualités que nous admirons chez les autres.

Bien que nous le sachions, lorsque nous agissons, nous le faisons en compromettant des idéaux. La raison en est que nous ne sommes jamais fidèles à nous-mêmes - nous jouons et montons constamment un "spectacle" pour plaire à tout le monde autour de nous, sauf à nous-mêmes! Il est douloureux, démoralisant et très angoissant de ne pas être soi-même.

MILLIONNALEMENT

Vous pouvez vous exclamer avec incrédulité, et rester assis, qu'est-ce que cela a à voir avec la richesse et la prospérité? Je reconnais votre inquiétude, mais je vous demande humblement de prendre un moment ou deux et, dans le silence de la nuit, de réfléchir profondément à ce point. Je voudrais que vous mettiez en pratique ce que j'ai mentionné plus tôt en étant vous-même.

Remarquez les changements qui se produisent au fil du temps, et ce que vous découvrirez réellement, c'est que lorsque vous pourrez exprimer le parfum de vos qualités ou caractéristiques positives innées (de qui vous êtes vraiment), alors non seulement les gens mais aussi toutes les choses que vous avez toujours voulues ou désirées viendront à vous.

"Comme la pensée, l'esprit aussi."

 MILLIONNALEMENT

Afin de réaliser vos objectifs et vos rêves, vous devez mettre en pratique ce que le livre décrit.

L'inclinaison habituelle de nos schémas de pensée est en fin de compte le facteur décisif qui détermine nos capacités, nos talents et nos caractéristiques personnelles. Sur la base de ces connaissances essentielles et vitales, on suppose que ces quelques chanceux sont nés avec le talent spécial qui vous manque et que vous désirez ardemment avoir.

C'est en grande partie vrai, mais il faut dire que personne ne naît millionnaire, un point c'est tout ! L'information précieuse réside dans l'art de cultiver le modèle qui apporte le succès. Nous sommes ce que nous pensons être.

C'est vrai quand les maîtres disent: "Vos pensées créent l'environnement.

 MILLIONNALEMENT

- Les pensées développent la personnalité
- Des pensées qui favorisent la santé
- Les pensées influencent le corps
- Les pensées peuvent changer et façonner l'avenir (destin)
- Les pensées apportent la création
- Les pensées influencent la physiologie et la psychologie des gens
- Les pensées peuvent apporter le succès
- Les pensées peuvent même guérir le corps

Surveillez constamment vos pensées. Vos expériences et l'environnement ont leur "siège" dans vos pensées.

Votre suggestion et votre auto-suggestion par le biais de techniques de méditation et de visualisation doivent être plus fortes que les "pensées", et lorsque vos actions vous élèvent, sachez que vous avez compris l'art de contrôler vos processus de pensée.

MILLIONNALEMENT

On peut tout réaliser par le pouvoir de la pensée. La visualisation fait appel à votre imagination pour vous permettre d'"imaginer" votre succès ou d'atteindre votre objectif sérieux.

Vos pensées ou vibrations mentales sont incroyablement puissantes, car l'esprit a un lien tangible avec vos pensées et vos actions. Vos pensées sont des énergies subtiles et ont une forte connexion avec notre conscience.

Par conséquent, nourrir constamment des pensées positives par la visualisation, le yoga et la méditation apportera harmonie, bonheur, santé et richesse !

 MILLIONNALEMENT

Facteurs à l'origine de l'inertie

La première chose, et la plus importante, est l'introspection, ce qui signifie littéralement que vous faites le point sur vos traits et vos habitudes.

Souvent, le manque d'auto-analyse est la cause de notre échec, et c'est l'absence d'un effort et d'une attention définis et indivisibles qui fait obstacle à votre progrès et à la réalisation de votre objectif.

L'introspection consiste donc à réévaluer notre "blocage" mental et à diagnostiquer les déficiences en éliminant les tendances négatives sous forme d'habitudes, d'indécision, de peur, de manque de

 MILLIONNALEMENT

confiance, etc. que nous appelons souvent des échecs.

Il est temps de vous revitaliser afin qu'en déracinant toutes ces négativités de votre vie, le vrai bonheur avec le zèle du progrès devienne proéminent et bien ancré.

Le plus grand ennemi qui nous empêche d'avancer dans la vie, outre l'apathie, le manque de confiance et le complexe d'infériorité, est la PEUR. La peur nous empêchera littéralement d'aller de l'avant - en fait, nous n'atteindrons même pas notre objectif de réussite. La meilleure façon de combattre la peur est de pratiquer des exercices de respiration profonde, et chaque nuit d'affirmer mentalement que vous êtes sous la protection de la personnalité suprême du divin, et de dynamiser vos pensées avec des sentiments positifs.

MILLIONNALEMENT

Déracinez consciemment les graines de la peur de l'intérieur en forçant la concentration sur le courage, et changez votre conscience à un niveau qui vous permet d'apprécier pleinement que vous êtes au-delà de tout type ou genre de douleur. La peur vient du cœur, alors remplissez votre cœur d'AMOUR, et lorsque vous vous sentez agité, détendez-vous, calmez-vous et respirez de façon rythmée, en vous relaxant à chaque expiration.

Bien sûr, il y a un autre problème, qui est selon moi la principale cause de frustration et qui diminue par la suite notre capacité à exceller dans la vie. C'est ce que j'appelle "vouloir des résultats sans avoir la volonté de faire l'effort". J'ai personnellement échoué à cause d'une vision aussi négative, et je suis le premier à l'admettre ouvertement.

Voici où ce que j'ai dit précédemment devient clair. L'échec, la douleur, la maladie et les

insuffisances sont des éventualités naturelles lorsque la loi de la nature est violée.

La transgression et la violation de la loi éternelle de la nature apportent la misère. En tant qu'êtres humains, nous avons la capacité de façonner, de corriger et de changer nos vies, nos objectifs et notre destin.

Le plus grand obstacle que vous rencontrerez dans votre vie est votre environnement immédiat. S'il y a quelque chose que vous devez changer - vous avez peut-être remarqué que j'ai commencé ce livre en paraissant un peu cynique et un peu trop prudent, sans parler d'un peu négatif - la raison principale en sera maintenant évidente.

L'environnement que je viens de mentionner peut être défini de deux façons, à savoir l'intérieur et l'extérieur. Ce sont ces deux

domaines de l'environnement que vous devrez surveiller.

Toutes vos expériences proviennent de vos choses mentales - ou de l'environnement intérieur (pensées). Ce que vous percevez par tous vos sens depuis l'extérieur façonnera également votre avenir.

Il est donc important de surveiller vos pensées. Je vous suggère de faire attention à votre environnement intérieur plutôt qu'à votre environnement extérieur. Par exemple, vous avez peut-être rencontré une excellente opportunité d'affaires à domicile qui est potentiellement excellente et juste pour vous à tous égards.

Vous êtes heureux et désireux d'essayer... mais avec le recul, quelque chose dans ce métier vous empêche d'aller de l'avant. Il peut y avoir plusieurs raisons à cela, mais je suis très curieux de connaître la raison principale. Soyez assuré que ce ne peut être l'argent (parce que c'est dans votre budget), ni un battage médiatique (parce que cela a apparemment fonctionné pour des milliers de personnes avec des témoignages à confirmer).

Alors, qu'est-ce que je me demande? Réfléchissez à ce point, et vous arriverez sans doute à une conclusion favorable...et étonnamment, c'est la chose de l'esprit l'auteur.

Pour réussir dans la vie, vous devrez commencer par corriger vos schémas de pensée, car c'est la compagnie de vos pensées et l'affinité que vous avez avec elles qui détermineront votre destin.

"Les pensées sont exprimées à travers le corps physique."

 MILLIONNALEMENT

Le facteur de risque

Sans m'écarter du sujet, je voudrais vous rappeler ce que j'ai mentionné au début du livre sur la nature dualiste de la vie.

Pourquoi certaines personnes ont-elles autant de chance et d'autres sont laissées pour compte dans la lutte pour le succès?

Mais comme nous le savons tous, ce qui rend une personne plus riche que l'autre dépend largement du choix ou de la décision prise, ainsi que du ou des risques reconnus grâce à une meilleure compréhension du pouvoir de la discrimination et à la capacité de peser et d'équilibrer la balance de sa faculté intuitive.

Maintenant, le risque que vous prenez doit être basé sur la compréhension que l'entreprise que vous avez décidé de poursuivre a fait l'objet d'une enquête approfondie. Vous ne vous engagez à passer un examen de conduite, par exemple, que lorsque vous vous sentez suffisamment compétent pour le passer et pas autrement.

Par conséquent, le risque que vous prenez à cet égard doit être ce que j'appelle un risque informé. En d'autres termes, il s'agit d'une situation dans laquelle vous avez confiance en ce dans quoi vous vous engagez, et ceci est également basé sur la source d'information que vous avez bien recherchée.

Le fait que vous lisiez maintenant ce rapport est pour comprendre comment atteindre le succès financier - par conséquent, ce rapport est en quelque sorte votre outil de recherche qui vous permettra de mettre en œuvre les techniques et les conseils décrits pour atteindre l'objectif. Par conséquent, les actions entreprises proviennent directement

 MILLIONNALEMENT

d'une source qui peut être considérée comme authentique, précieuse et réelle.

Une fois que vous êtes sûr de pouvoir passer l'examen de conduite avec les conseils du moniteur d'auto-école, vous décidez de passer l'examen de conduite - c'est le meilleur moyen de garantir la réussite. Je voudrais corriger une question qui a déjà été soulevée et qui a trait à l'apprentissage.

Vous devez être prêt à apprendre constamment, car pour acquérir une compétence, une connaissance et un pouvoir, vous devez être prêt à **APPRENDRE**.

L'engagement est la force vitale à laquelle il faut s'habituer dès le début. N'oubliez pas que dans certaines situations, vous n'avez peut-être pas le contrôle direct pour provoquer un changement prévisible, ce qui peut entraîner beaucoup de maux de tête.

MILLIONNALEMENT

Toutefois, cela n'est pas forcément le cas, car ce qui importe vraiment, c'est le mécanisme ou la manière dont la situation est contrôlée et, en fin de compte, la façon dont vous y réagissez.

Le problème est que nous avons tendance à vivre à la fois dans le passé et dans l'avenir. Lorsque notre faculté mentale est surchargée, nous nous décourageons.

Le fardeau est trop lourd pour l'esprit, nous devons donc le limiter. Lorsque nous avons trop à faire à un moment donné, nous devons immédiatement cesser nos activités. L'horloge fait tic-tac régulièrement, elle ne peut pas être à vingt-quatre heures en soixante secondes, ni faire en une heure ce qui peut être fait plus efficacement en vingt-quatre heures. Vivez pour le présent, et l'"avenir" s'occupera de lui-même.

 MILLIONNALEMENT

Ne soyez pas avide et surtout ne vous épuisez pas à "vouloir" devenir millionnaire !

Les choses ont changé, de plus en plus de gens se tournent vers un style de vie simple, qui revient à l'essentiel - sans autant de luxe et moins de soucis.

Le concept dualiste de la nature prévaut partout - vous ne pouvez pas prospérer si vous faites des chèques sans avoir de fonds crédibles ou de crédit (dépôt) sur votre compte bancaire, tôt ou tard vous serez à court d'argent.

Sans la tranquillité d'esprit, la cagoule probable de la "vapeur", le bonheur, le calme et la force, vous serez mentalement, émotionnellement, spirituellement et physiquement "brisé". Quel dommage que tout cela ait atteint un point de désolation totale !

MILLIONNALEMENT

C'est à ce moment que vous devez vous concentrer sur le pouvoir qui est en vous et affirmer mentalement votre but dans la vie ; vous pouvez vouloir vivre une expérience agréable afin d'oublier complètement vos soucis. Il s'agit de ne rien prendre trop au sérieux, de profiter de ce que vous avez et d'être heureux avec ce à quoi vous avez droit.

 MILLIONNALEMENT

À éviter

Il est naturel que lorsque l'inattendu se produit, nous sommes beaucoup plus susceptibles de réagir négativement. Toutefois, il n'est pas nécessaire que ce soit le cas ; le livre révèle des moyens d'atteindre votre objectif de manière harmonieuse et diligente.

Voici quelques conseils qui vous seront utiles:

1. Lorsque les choses tournent mal, ne réagissez pas de manière excessive. Pensez positivement et calmement.

2. Ne pas trop juger, ni trop critiquer.

3. Essayez de ne pas ignorer une mauvaise situation, faites attention à votre zone de confort.

4. La sagesse et la force seules peuvent vous aider à surmonter de nombreux problèmes imminents de la vie.

5. Affrontez les problèmes de front.

6. Évitez la cupidité et la vanité de toute sorte.

Il existe une éthique des affaires et un homme d'affaires doit la mettre en pratique. Ceux qui sont strictement honnêtes et sincères prospéreront dans les affaires. Considérons une fois de plus l'art comme un exemple pour mettre en évidence ce qui a été discuté jusqu'à présent. Comme nous le savons tous, nous avons des pouvoirs innés - en chacun de nous se trouve la réserve

MILLIONNALEMENT

d'énergie latente qui éclate pour être "réveillée".

Supposons que vous ayez le pouvoir créatif et qu'en tant qu'artiste, par exemple, vous puissiez peindre et dessiner pratiquement n'importe quel sujet ou thème.

Il est évident que vous avez un talent considérable, car tous les artistes n'ont pas cette capacité. Comme vous en êtes conscient, vous pouvez supposer que parce que votre œuvre est bonne, elle a un bon potentiel de vente. C'est vrai, mais considérons tous les facteurs qui doivent être pris en compte étape par étape.

1) Vous êtes peut-être un très bon artiste, mais si votre travail n'est pas remarqué et apprécié, il n'a pas de réel intérêt. Il est donc important que votre travail soit remarqué (par une exposition maximale) et la façon de le faire est d'établir votre nom.

Pour cela, il faut contacter les bonnes sources et approcher les artistes qui ont suivi la "même" courbe d'apprentissage pour atteindre le chemin de la prospérité. Vous devez tenir compte du concours qui peut exister dans le domaine choisi. Vous devez préparer une bonne base - cela peut être fait en utilisant les informations contenues dans les pages de ce livre.

2) Votre œuvre d'art peut être exceptionnellement belle, mais si vous ne comprenez pas la dynamique du marché, votre œuvre risque de ne pas s'épanouir.

3. De votre point de vue personnel, votre travail peut sembler avoir un grand potentiel. Toutefois, il est important d'apprécier l'opinion du grand public, c'est-à-dire de vos acheteurs potentiels.

 MILLIONNALEMENT

N'entrez pas dans la routine que la plupart des gens font, "écouter ce que l'on veut entendre" est une sorte de condition préalable qui peut apporter une misère indicible.

4. Vous devriez vous pencher sur d'autres domaines pour développer votre potentiel. Élargissez la catégorie/le sujet du sujet, utilisez différents types de médias (par exemple, acrylique, huiles, médias mixtes, etc.), décidez comment promouvoir votre travail, vous pouvez même vouloir vendre des originaux ou reproduire des estampes... Les possibilités sont infinies, la question est de savoir à quel point vous êtes déterminé dans votre quête du succès.

La psychologie du succès dépend de nombreux facteurs, mais celui qui me semble le plus vital est la confiance en soi. La plupart des gens n'atteignent jamais le premier stade de la réussite parce qu'il leur manque cette caractéristique essentielle.

Ces conditionnements proviennent souvent de leurs expériences personnelles, mais le facteur causal est l'environnement, qui a déjà été évoqué. S'il est bon d'être prudent dans tout ce que vous faites dans la vie, il est tout aussi essentiel de ne pas se laisser prendre par les détails techniques du "processus" mais de se concentrer sur les avantages et la récompense finale qu'il produit.

Consacrez votre objectif à la réussite en mettant en œuvre les cinq mots cardinaux commençant par la lettre D à votre réussite, à savoir : dévouement, discrimination, discipline, détermination et devoir.

Il n'y a rien de mal à poser des questions sur les propositions qui vous sont présentées ou même sur les opportunités commerciales que vous avez l'intention de poursuivre. Tant que ces questions fournissent toutes les réponses et que vous décidez d'aller de l'avant en tenant compte de tous les facteurs, tout va bien.

Cependant, lorsque vos questions vont à l'encontre du but même de votre recherche, cela devient un "cercle vicieux".

Pourquoi, quoi, où, quand, qui sont les mots que nous utilisons souvent pour trouver des informations sur tout ce qui se passe dans la vie, y compris sur les questions liées aux affaires.

La question avec le mot pourquoi est nécessaire nous aidera à tirer une conclusion parfaite et nous aidera à surmonter les doutes. Le problème est que si vous n'êtes pas clair sur votre ou vos objectifs, la question même par laquelle vous souhaitez poursuivre l'entreprise n'a aucun sens.

MILLIONNALEMENT

Vous devez prendre en compte les objectifs et les avantages probables à long terme, ainsi que la manière dont votre premier pas vers la richesse et la réussite vous permettra de profiter de plus hauts sommets.

 MILLIONNALEMENT

Les erreurs inévitables

En tant qu'êtres humains, nous sommes très agités - nous sommes souvent submergés par la joie, le succès ou la gratification. Il est très important de garder son calme lors de tels événements, car l'émotion peut entraîner des problèmes, dont on dépense trop.

Cela dit, il est également très important de réaliser que le succès peut simplement vous "frapper", en ce sens que vous pouvez devenir complaisant et "décider" de ne pas faire grand-chose, parce que "vous avez tout".

C'est une phase terrible dans laquelle vous pouvez éventuellement entrer, et dont vous devez être conscient à tout moment. Cependant, la seule chose à laquelle vous devez faire attention est le complexe de l'ego

- ne laissez pas votre ego devenir un obstacle dans votre effort pour atteindre la richesse.

Le meilleur remède pour éviter l'ego est d'économiser l'énergie. L'énergie qui a été produite et conservée, si elle n'est pas dirigée vers les bons canaux, sera catastrophique.

Nous devons contrôler nos pulsions, et c'est là que l'art de pratiquer l'équilibre dans la vie devient un outil essentiel pour votre réussite. Parler sans rien faire est un facteur unique qui peut détruire votre désir de réussir.

N'oubliez pas que ce sont les personnes qui vous entourent et l'entreprise que vous dirigez qui détermineront votre réussite future. Vous perdez peut-être un temps précieux, mais les personnes qui vous entourent feront encore pire, contribuant à la perte totale de votre propre temps.

Par conséquent, comme le dit le proverbe, "ce qui ressemble attire ce qui ressemble" devrait être la maxime, et surtout faire preuve de bon sens tout le temps, et ne faire que ce qui produit des résultats positifs.

Le fait d'être systématique permet également d'éviter la confusion et l'inconfort, qui peuvent avoir un effet négatif sur votre entreprise et vos objectifs. N'acceptez pas d'emplois qui peuvent vous ralentir.

Essayez d'évaluer la situation, en accordant beaucoup d'importance aux priorités - ne tergiversez pas, ne perdez pas de temps et, surtout, ne gaspillez pas votre précieuse énergie. Si vous agissez avec prudence, le temps sera géré de la manière la plus efficace.

Si les mots, les actes, les pensées et les actions sont bons, alors la vie sera bonne, et chaque instant sera porteur de succès et le "temps" pris pour atteindre l'objectif convoité sera...

 MILLIONNALEMENT

eh bien, votre supposition est aussi bonne que la mienne.

"L'esprit est la cause de l'esclavage et de la liberté."

 MILLIONNALEMENT

La loi du succès

Il suffit de comprendre les principes communs, dont certains ont été évoqués plus haut, pour réussir.

Un effort conscient doit être fait pour offrir de bonnes expériences à l'esprit. La nature a fourni à l'homme tout en grande abondance - malheureusement, les êtres humains n'ont pas réalisé ce fait.

Vous devez vous décider pour réussir, comment pouvez-vous le faire efficacement?

Comment pouvez-vous développer le testament? Le succès vient avec la planification, la détermination et la foi, sans aucun doute. Pour déterminer ce fait, je vous suggère d'essayer ce qui suit : Choisissez un

objectif que vous pensez ne pas pouvoir atteindre, puis essayez avec toute votre énergie et votre force de faire cette seule chose.

Cela peut aller du dessin d'un portrait à la maîtrise de l'utilisation de l'ordinateur. Lorsque vous avez réussi, passez à quelque chose de plus grand et continuez à essayer d'exercer votre volonté. Malgré les revers, vous ne devez pas trembler, mais plutôt puiser des forces dans votre environnement et, surtout, apprendre de personnes partageant les mêmes idées qui ont cherché à réussir avec courage et sans jamais perdre espoir.

Souvenez-vous de personnes comme Abraham Lincoln, Henry Ford, Mère Teresa et bien d'autres qui ont atteint la position convoitée grâce à leur pouvoir inné de foi et à leur volonté dynamique. N'oubliez pas que vous pouvez vous aussi obtenir le même

 MILLIONNALEMENT

succès.

Cette loi peut être appliquée par tout le monde et elle fonctionne. Il est vrai que nos pensées et nos actions façonnent notre avenir et notre destin. Vous devez être prêt à canaliser vos talents et capacités innés dans la bonne direction, afin de pouvoir atteindre de nouveaux sommets.

Pour récapituler ce qui a été dit jusqu'à présent, permettez-moi de vous rappeler ce qu'il faut pour réussir.

- La planification est cruciale et peut-être l'étape la plus importante de votre réussite.

- Soyez prêt à changer vos points de vue, vos habitudes et vos schémas de pensée.

- Ne poursuivez que les tâches qui sont importantes. Vous devez séparer vos

 MILLIONNALEMENT

besoins de vos désirs - la frontière est mince, alors faites preuve de discrimination.

- Gardez un œil sur votre situation financière personnelle. Faites un bon budget et réduisez les dépenses.

- Entourez-vous de personnes ayant une personnalité positive et de celles qui ont réussi. Lisez des livres sur des personnes qui ont réussi dans la vie.

- Ne prétendez pas être quelqu'un que vous n'êtes pas. Soyez vous-même et ne vous vantez pas.

- Élargissez votre horizon et soyez enthousiaste et ambitieux.

MILLIONNALEMENT

- C'est bien d'augmenter ses revenus, mais c'est encore mieux d'investir dans des actifs qui vous rendront riches.

- Soyez prêt à travailler dur et à faire des sacrifices.

Les bonnes actions nous enrichissent, nous renforcent et nous motivent, en dynamisant complètement nos ressources internes.

Cultiver de telles valeurs et adhérer aux bonnes valeurs dans la vie nous aidera à grandir et à réussir.

Une alimentation et une exposition aussi constantes peuvent façonner notre caractère et nous aider à racheter nos tendances inférieures.

 MILLIONNALEMENT

Il est temps d'apprendre qui vous êtes

Je désapprouverais quiconque penserait même à faire un commentaire, en disant que le succès n'est qu'un souhait.

Nous ne sommes pas nés de l'échec - laissez-moi clarifier ce point. Nous avons tous réussi dans notre vie, à un moment ou à un autre, et c'est une **VÉRITÉ** indéniable.

Les points suivants vous permettront sûrement de comprendre qui vous êtes vraiment, et c'est une garantie. Une fois que vous aurez déterminé vos propres attributs, il sera beaucoup plus facile d'adopter des idéaux qui vous permettront de sauter vers de plus hauts sommets.

MILLIONNALEMENT

1. êtes-vous généralement enthousiaste et positif ou tout le contraire ?

2. Aimez-vous travailler dur et feriez-vous un effort supplémentaire si vous faisiez ce que vous aimez?

3. êtes-vous tout ce que vous pouvez être ? Vous voudrez peut-être analyser vos points forts et vos points faibles.

4. êtes-vous satisfait de votre situation actuelle et/ou de vos circonstances ?

En répondant à ces trois questions très importantes, vous pouvez déterminer votre avenir. Rappelez-vous l'importance de la discipline et de l'organisation mentionnées ci-dessus.

Le point suivant que je veux faire valoir est la simplicité. Ne créez pas de difficultés inutiles

dans le cheminement de votre travail et dans l'objectif de réussite.

Par simplicité, je veux dire, ne compliquez pas la situation et ne laissez pas le succès vous monter à la tête - l'attitude pompeuse est un autre problème qui peut vous faire tomber. Soyez humble, ferme et juste dans vos efforts pour réussir.

Un individu calme peut accomplir pratiquement n'importe quoi simplement par le pouvoir de la concentration - c'est une vérité basée sur la science.

Les recherches ont clairement montré que des techniques telles que le yoga, la visualisation et la relaxation peuvent entraîner une plus grande prise de conscience, permettant ainsi à l'individu d'atteindre son plein potentiel.

 MILLIONNALEMENT

Grâce au pouvoir de la concentration et de l'attention, une personne peut atteindre ce qu'elle a souhaité.

 MILLIONNALEMENT

Le besoin de changement

Nous sommes tous très conscients que rien ne reste permanent dans la vie, même si nous comprenons que la vie elle-même est un continuum. Ce que nous n'avons pas réalisé, c'est que nos propres attitudes, conditionnements et propensions nous empêchent d'intégrer le changement.

L'une des choses les plus difficiles à changer est notre nature (pensées indélébiles), en particulier celles qui ont laissé une marque (empreinte) sur notre psyché.

Nous sommes peut-être capables de changer beaucoup de choses autour de nous, mais la nécessité de changer nos pensées, nos attitudes et nos habitudes, qui sont presque certainement devenues une partie de notre

propre identité, devient une tâche ardue et difficile.

Comme pour toute chose dans la vie, le temps peut tout guérir - laissez le temps vous aider à grandir dans la vie et ne perdez pas de temps à atteindre vos objectifs individuels.

Comment changer notre attitude mentale ? La réponse est très simple : une fois de plus, il n'y a pas de secret en tant que tel, et la tâche n'est pas ardue. La première réponse réside dans le mot "changement" lui-même. En changeant progressivement votre mode de vie, vous atteindrez votre objectif beaucoup plus rapidement. Je dis que la réponse est facile en ce qui concerne la manière dont nous pouvons obtenir des changements positifs, parce que considérons les habitudes, par exemple.

Comme nous le savons tous, les habitudes prennent du temps à s'imposer. Tout comme vous "apprenez" vos habitudes au fil du temps, vous commencez simplement à les désapprendre. Les habitudes sont très difficiles à éradiquer en même temps, et il reste donc du temps pour s'occuper de ses habitudes. Quel est le rapport avec le fait d'être heureux et riche ?

Eh bien, mes amis, je voudrais vous renvoyer la même question. Demandez-vous pourquoi vous n'avez pas pu progresser.

Mettez en pratique ce que vous avez recueilli jusqu'à présent. Asseyez-vous dans un coin tranquille et ouvrez votre cœur, et résolvez ce problème - la réponse à tous vos problèmes, bons ou mauvais, est en vous. La précision du problème variera sans doute, mais la ou les raisons en sont évidentes.

Pourquoi la personne Y peut-elle arrêter de fumer alors que la personne Z a beaucoup de mal à le faire, alors qu'elles fument toutes

 MILLIONNALEMENT

deux depuis dix ans et qu'elles fument toutes deux vingt cigarettes par jour ? La réponse se trouve dans ce dont j'ai parlé plus haut, et c'est notre **PENSÉE**.

La seule chose que vous devrez changer dans votre vie est votre perception actuelle de qui vous êtes, de ce que les autres pensent de vous et, enfin, de qui vous êtes vraiment ?

Vous pouvez changer vos pensées, votre environnement et vos stratégies commerciales, mais vous devrez réaliser que vous ne pourrez pas changer la loi de la nature elle-même - elle est parfaite. Nous devons donc le respecter et commencer à adhérer à sa dynamique de gouvernance, sans la violer. Comment la nature peut-elle affecter notre succès?

C'est une question valable, mais après une analyse approfondie, vous comprendrez qu'en tant qu'êtres humains, nous enfreignons constamment les règles, les lois et les processus éternels de la vie au quotidien.

Sans trop s'écarter du sujet, observez attentivement et remarquez comment le beau rythme de la nature fait son devoir quotidiennement sans aucune discorde et interruption. De la même manière, nous avons beaucoup à apprendre de la nature. S'écarter de la vérité conduit au désarroi et à l'échec, et enfreindre les lois de la nature entraîne le désespoir - en bref, le macrocosme et le microcosme sont indifférents.

Les décisions que vous prenez dans votre vie détermineront l'issue de vos événements futurs. Pensez toujours en premier lieu à ce que vous allez faire ou à ce que vous avez l'intention de faire, et en prenant cette mesure, à la manière dont elle vous affectera.

 MILLIONNALEMENT

N'agissez pas sur une impulsion, mais restez plutôt calme, tranquille et essayez de maintenir un silence profond autant que vous le pouvez. Il est tout simplement étonnant de voir ce qui peut être réalisé par le silence et l'introspection.

Je vous suggère d'entreprendre une forme d'exercice de relaxation, comme la méditation ou même le yoga, pour vous aider à atteindre la paix et le succès. Le bon jugement est un indicateur parfait de la sagesse par l'expression du pouvoir de l'intellect à travers la faculté de discrimination.

Si vous avez clairement reconnu votre folie, alors vous devez admettre vos erreurs et vos mauvaises habitudes. Si cela dérange les autres ou affecte votre santé, votre conscience, votre situation financière, votre famille, votre bien-être et votre tranquillité d'esprit, alors vous devez vous demander : "Dans quelle mesure serais-je mieux sans

cela? Si vous n'en profitez pas, pourquoi le prendre ou y penser?

 MILLIONNALEMENT

Comprendre l'échec

La raison est le plus grand ennemi de la foi.

C'est un fait, car il est très probable que le croyant et le non-croyant auront recours à cette déclaration pour étayer leurs arguments respectifs.

Vous connaissez déjà la nature dualiste de la vie et, à ce titre, la raison humaine trouvera des "pour" et des "contre" pour les bonnes et les mauvaises actions respectivement.

C'est alors que vous devez apprendre à être guidé par la voix intérieure de la "conscience". De ce pouvoir inné, de l'intuition, de la vérité, de la paix, de la droiture, de l'amour, de la non-violence (en paroles, en actes, en actions et en pensées) et

 MILLIONNALEMENT

du pouvoir de la discrimination découlent ce qui suit. Ces attributs ont leur existence dans l'âme.

C'est la plus grande vérité que vous ne pouvez pas vous permettre de ne pas connaître. L'effort est proportionnel à la grâce, mais je tiens à ajouter que le succès n'est proportionnel à l'effort que lorsque vous avez appris à apprécier les qualités de l'amour.

Quoi que vous fassiez, mettez tous vos efforts et faites ce que vous faites avec un amour absolu.

Ceux qui sont prêts à prendre des risques réussissent. On sait que les jeunes sont plus adaptables au changement. Avec l'âge, il devient un peu plus difficile et stimulant d'apporter des changements et de s'adapter à un large éventail de zones de confort. Avant qu'il ne soit trop tard, éliminez le problème

 MILLIONNALEMENT

dès le début - ne le laissez pas ronger votre système. Comme un virus, agissez et supprimez-le immédiatement de votre système.

Le fait est que nous sommes nés parfaits (je ne veux pas dire dans le sens physique du terme), mais les rigueurs du temps "frelatent" cette perfection, et donc les possibilités infinies qui nous attendent sont floues.

Ce qui nous rend supérieurs, cependant, c'est qu'il n'y a qu'un seul grand don convoité qui nous appartient en permanence, et c'est notre extraordinaire pouvoir de découvrir, de développer et de déclarer que nous, en tant qu'êtres humains, avons la capacité d'atteindre de grandes, voire de plus grandes hauteurs, déjà en nous se trouve la source infinie d'énergie qui est clairement la nôtre !

"Nous sommes les victimes impuissantes de nos propres désirs et besoins."

 MILLIONNALEMENT

Le but final

La plupart des gens, et je suis sûr que vous en conviendrez, font tout à moitié, et les raisons de cette situation ont été exposées.

Ils n'utilisent pas tout leur potentiel, principalement parce qu'ils n'ont pas compris le pouvoir de l'esprit.

Nous sommes souvent attirés ou forcés à faire des choses qui nous font souffrir. Les plaisirs temporaires apportent la tristesse, et par conséquent, la plupart d'entre nous, par peur ou même par manque de confiance, sont "obligés" de jeter l'éponge.

Ce n'est pas forcément le cas, car ce livre vous donne la possibilité de surmonter ces obstacles, en livrant des mots si puissants que

MILLIONNALEMENT

vous pouvez changer votre situation. Il est temps d'examiner très attentivement les graphiques dans votre esprit.

Après l'introspection, il est temps d'enlever la saleté et, en utilisant le pouvoir de la discrimination, de distinguer ce qui vous procure un bonheur durable plutôt que la tristesse.

L'essentiel est que vous devez exercer un contrôle sur vos pensées.

Vous trouverez ci-dessous des conseils pour vous guider dans votre voyage vers la richesse, la santé et le bonheur.

- Évitez de vous attarder sur toutes les mauvaises choses que vous avez faites.

- Répéter sans cesse les mauvaises actions devient une habitude. Veillez simplement à ne pas répéter ces actions.

- Ne vous considérez pas comme un échec. Utilisez l'échec comme un moyen de réussir - n'abandonnez pas tant que vous n'avez pas atteint le but souhaité.

- Vous devrez effacer les sillons des mauvaises habitudes que vous avez créées en créant de bonnes habitudes. Si vous êtes paresseux, décidez d'être positivement actif et assertif - fixez-vous des tâches ou des objectifs et assurez-vous de les atteindre.

Le fait que nous résistions au changement montre que nous avons nos propres "zones de confort" et que c'est le résultat de nos pensées. Pourquoi résistons-nous au changement? La réponse simple à cette question est la peur du changement.

 MILLIONNALEMENT

Le changement signifie que nous devons laisser tomber ce qui nous semble "juste".

La question qui reste posée est la suivante : qu'est-ce qui est le mieux pour vous? C'est une question difficile, et la réponse est que tant que nous ne sommes pas complètement satisfaits de nous-mêmes, même un millionnaire qui veut un million supplémentaire est un mendiant. Combien d'entre nous sont heureux?

Nous recherchons des résultats instantanés, et lorsque nous ne "voyons" pas les résultats, nous nous décourageons et abandonnons. Je suis convaincu que lorsque vous voulez quelque chose pour les bonnes raisons, rien ne vous empêche de l'obtenir - c'est la loi éternelle.

 MILLIONNALEMENT

Ouvrir la voie du succès

J'ai écrit ce livre avec une seule intention en tête et c'est de vous aider à comprendre et, en fin de compte, à vous aider à réaliser le pouvoir de l'esprit.

Vous découvrirez bientôt une série d'étapes que vous devez suivre très strictement pour déterminer votre désir profond. Ces étapes ne sont pas des tâches monumentales, mais de simples directives pour vous aider à démarrer.

1. Croyez en vous et en la puissance des affirmations Les personnes qui réussissent deviennent prospères grâce à l'utilisation constante de leur volonté. N'ayez pas peur des revers dans les premières étapes.

 MILLIONNALEMENT

Transformer les échecs en succès par la sagesse, la force et la foi.

2. Croyez en la philosophie de la "vie simple et de la pensée élevée".

3. Ne rien reprocher à personne. Efforcez-vous de surmonter vos plaintes passées et d'aller de l'avant. Essayez de pardonner à chacun "la douleur n'aide jamais".

4. L'honnêteté est la règle d'or. Observez le silence, méditez et éliminez toutes les tendances négatives de votre système (c'est-à-dire la jalousie, l'ego, la haine, la peur, etc.). Respectez les principes suivants : amour, vérité, droiture, paix et non-violence (vous ne devez même pas blesser quelqu'un par vos paroles, vos actions et vos pensées).

Avec une détermination absolue, il est important que, pour réussir, vous vous associiez à des personnes qui ont déjà réussi.

 MILLIONNALEMENT

Pour comprendre l'objectif de ce livre, il est essentiel d'examiner les points suivants. Vous comprendrez mieux maintenant pourquoi le succès ou l'échec dépend de la façon dont vous vous définissez :

IMAGE: Plus vous vous sentez bien dans l'image que vous avez de vous-même, plus vous avez de chances de réussir. L'image ne signifie pas nécessairement l'apparence ; elle a aussi un sens plus profond et connote la réflexion.

L'image que vous pouvez avoir de vous-même est plus susceptible de provenir de ce que vous "pensez" de vous-même. L'environnement interne dont j'ai parlé plus haut peut jouer un rôle crucial dans la détermination de votre objectif final.

EMOTIONS: Il est évident que nos pensées et nos sentiments, qui sont subtils, ont une grande influence sur notre vie. La meilleure façon de contrecarrer ces forces subtiles est d'exercer le silence pendant la méditation et les exercices de relaxation.

Il est conseillé de faire une forme d'exercice pour garder l'esprit positivement actif. Bien sûr, le deuxième avantage est la santé. Un corps sain est un "véhicule" parfait pour se sentir bien.

Chaque individu cherche le bonheur dans la vie. Maintenant, le même bonheur que nous recherchons devient une joie une fois trouvée. Cette joie peut dépasser la "béatitude" simplement en étant incorporée.

AMOUR: Vous devez partager l'amour dans ce que vous faites et vous devez aimer ce que vous accomplissez quotidiennement dans votre vie. Dans le silence de la nuit, faites une introspection et apprenez à améliorer votre

vie (en paroles, en actes, en pensées et en actions) et remerciez l'énergie universelle suprême.

Outre ce qui a été dit ci-dessus, de bonnes compétences en matière de communication, d'interaction et de bonnes relations sont la voie à suivre - c'est en fin de compte l'essence des vertus et du caractère qui vous permettront de réussir.

Développez une personnalité harmonieuse, et rappelez-vous ce qui a été mentionné au début, utilisez toujours des mots affectueux - les mots peuvent apporter la paix ou déclencher une guerre mondiale.

Conditionner efficacement votre esprit vous permettra d'en récolter les fruits. C'est une très bonne pratique que de scruter vos pensées quotidiennes juste avant de vous coucher, et de les noter dans votre carnet de route.

Fixez des buts et des objectifs au quotidien et travaillez dessus jusqu'à ce que vous les atteigniez.

Le temps est la denrée la plus précieuse de la vie, utilisez-le à bon escient - le temps perdu est une vie perdue. Lorsque vous décidez de réussir dans votre vie, veillez à ne pas avoir de pensées contradictoires. Si vous apprenez à contrôler consciemment et donc à mettre en œuvre les pouvoirs inépuisables qui sont en vous, vous pouvez réaliser beaucoup plus.

Le langage n'est rien d'autre que l'expression de pensées et d'expériences. La communication joue un rôle essentiel dans votre réussite globale, sans parler de votre vie quotidienne. Grâce au pouvoir de la connaissance, vous pouvez atteindre des objectifs spécifiques, car le secret de notre force réside dans notre connaissance. Lorsque

 MILLIONNALEMENT

vous avez une idée qui est viable, vous devez vous y consacrer à cent pour cent.

N'en parlez pas au monde entier - un tel "spectacle" n'est pas nécessaire. Réfléchissez-y et transformez-le en un "produit" qui a une base solide. Sans une fondation solide, un bâtiment n'a aucune chance de tenir debout.

 MILLIONNALEMENT

La loi de la prospérité

Le succès du désir et de toutes les autres bonnes choses de la vie ne fait pas de mal, mais le repos assuré, le désir qui conduit au sentiment persistant de manque ou d'inachèvement peut être dangereux.

Si, pour une raison quelconque, ce désir entraîne des nuits blanches et de la frustration, il est temps **d'ARRÊTER** ce que vous êtes en train de faire.

Le contentement est le véritable facteur unique d'affirmation de votre abondance. Le désir égoïste mène à l'échec total !

 MILLIONNALEMENT

La loi spirituelle est très puissante.

Cela dit, vous devez vous efforcer de suivre les principes suivants au quotidien dans votre vie. Soyez toujours bon pour tout ce qui vous entoure, ne soyez pas traître et fourbe. Prenez soin de votre ego et soyez vrai et sincère.

La considération est incroyablement importante, alors n'oubliez jamais les personnes qui n'ont pas autant de chance, et tendez la main autant que vous le pouvez à ceux qui le méritent.

Entraîner son esprit à atteindre de grands sommets n'est pas une tâche difficile. Pendant votre temps libre, ne gaspillez pas votre énergie ; passez plutôt du temps à contempler le pouvoir de votre moi inné.

Méditez quotidiennement et visualisez votre succès et vos objectifs. Mes amis, le pouvoir

MILLIONNALEMENT

de l'esprit est tout simplement étonnant, le fait est que nous n'utilisons même pas

10 % dans notre vie quotidienne - maintenant, sur la base de cette compréhension scientifique, imaginez ce que vous pourriez réaliser si vous utilisiez les 90 % restants?

Tout comme vous goûtez la nourriture quand vous la mâchez et la goûtez, faites chaque acte avec un sentiment de gratitude et faites-le de bon gré et, surtout, avec joie.

Ne suivez pas aveuglément chaque petite impulsion, apprenez à réfléchir et à distinguer entre ce qui est temporaire et fugace et ce qui est durable, entre ce qui est essentiel et ce qui ne l'est pas, entre ce qui est agréable et ce qui ne l'est pas.

La conquête de soi nous donnera ce que nous recherchons. Il convient de souligner que l'équilibre est également un ingrédient essentiel dans votre quête de succès et de richesse. Vous devez réserver du temps pour vous et votre famille ou celle de votre proche. Le bonheur permanent doit être indépendant d'un environnement changeant.

Ne devenez pas un bourreau de travail ou un "riche entrepreneur" dans votre quête de succès, de peur que cela ne nuise à votre relation, et encore moins à vos tentatives de réussir réellement dans la vie.

Ne vous écartez pas de la voie de la justice ou de la loi de la nature. C'est très amusant d'être témoin du succès et de la richesse, et la joie qui en découle ne fait aucun doute. Cependant, si le bonheur, la joie et le succès viennent en même temps aux dépens de votre santé, alors je crains que ce soit un terrible gaspillage.

La façon d'être riche, c'est par l'utilisation des vertus suivantes, qui est notre vraie nature, et qui se trouve non seulement dans les êtres humains, mais dans tout ce qui vous entoure : la vérité, la justice, la paix, l'amour et la non-violence. Demandez-vous, si tous les êtres humains appliquaient ces attributs de manière cohérente - le monde et ses habitants prospéreraient.

Nous devons aborder tous nos travaux (y compris les problèmes) ou tâches avec une énergie concentrée et donc les exécuter avec une perfection absolue. S'efforcer de faire toutes les choses (un petit devoir ou un travail aussi petit soit-il) d'une manière extraordinaire. Faites tout votre travail et votre devoir avec **AMOUR** et enthousiasme, et observez les résultats. Ne tentez jamais rien à moitié ; vous ne progresserez pas dans la vie.

 MILLIONNALEMENT

Le pouvoir des mots

Le pouvoir des mots peut avoir un impact très fort sur nos esprits et nos vies.

Avant de poursuivre, j'aimerais que vous réfléchissiez à la question suivante : peut-on garder le silence à tout moment ?

Ne laissez personne savoir ce qu'il y a dans votre cœur et votre esprit pour la simple raison que vous n'êtes pas expressif verbalement ou émotionnellement ? Cependant, je peux dire avec certitude que chacun d'entre nous est un bavard silencieux. Nous nous parlons à nous-mêmes de bien des façons et dans bien des situations, parfois nous sommes blessés et parfois le fait de parler en silence nous apporte un merveilleux sourire !

La communication est donc très importante dans la vie. Les mots sont puissants et, selon la façon dont ils sont prononcés, peuvent influencer nos processus de pensée, nos actions et nos comportements quotidiens ainsi que notre vision de la vie dans son ensemble.

Bien sûr, selon la façon dont ils sont utilisés, l'effet que les mots peuvent avoir est assez incroyable, ils peuvent être utilisés pour persuader, informer, blesser, soulager la douleur ou même déclencher une guerre ! Les mots prononcés avec beaucoup d'émotion ont le pouvoir de provoquer des changements qui peuvent accélérer le processus de guérison du corps!

Ce pouvoir énorme réside dans le sens des mots, dans ce qu'ils signifient pour la personne qui les entend. Bien plus que la communication, la vérité, le mensonge et les

infinies nuances entre eux, les mots ont le pouvoir de manipuler la pensée et le comportement des autres.

C'est notre interprétation des mots qui est la véritable cause de nos réactions émotionnelles.

Les mots prononcés avec douceur, désintéressement, innocence et un amour absolu sont ceux qui se logent de manière indélébile dans notre être et dont ils produisent leur effet d'excitation sur l'âme. Il est donc très important d'utiliser les mots de manière sélective et appropriée à tout moment et dans toute situation.

La science moderne commence à apprécier l'effet puissant que les mots peuvent avoir sur notre corps lorsqu'ils sont utilisés sous forme de phrases ou même d'affirmations. Saviez-vous que par un effort conscient, nous pouvons créer en nous une très forte force de volonté?

Affirmation de la réussite :

Je le poursuivrai sans relâche, car c'est mon droit de naissance de réussir. Je suis puissant et j'obtiendrai ce dont j'ai besoin au moment où j'en aurai besoin. Je suis destiné à récolter les fruits de mes actions et je partagerai ma joie de la réussite avec tout ce que je connais.

Avantages des affirmations

- L'estime de soi et une attitude positive
- Vous aide à atteindre vos buts et objectifs
- Améliorez votre mémoire et vos compétences
- Aide à créer une estime de soi intérieure (volonté, confiance et caractère)
- Il peut vous aider à évoluer spirituellement

 MILLIONNALEMENT

Les mots prononcés avec douceur et amour seront séduisants et susciteront une admiration immédiate. La richesse est en soi un mot, et en soi elle ne signifie rien.

Le seul facteur qui donne de la richesse au mot, le sens, c'est l'intellect. La richesse de l'information est introuvable, mais elle est en nous à tout moment. L'intellect est cultivé par la logique, et le point principal est que la logique et la philosophie arides peuvent souvent être contre-productives. Il est donc essentiel de communiquer efficacement, car dans la poursuite de la richesse, vous devrez vendre votre entreprise ou votre société par la communication (les mots).

Cependant, la communication seule ne correspondra pas à votre succès.

 MILLIONNALEMENT

Le pouvoir de l'amour inconditionnel

Il me semble que les gens ont oublié la vraie valeur, le sens et la définition du mot amour.

Vous pouvez vous exclamer et dire ce que l'amour a à voir avec la richesse ! Il est naturellement difficile de définir le véritable amour, laissez-moi vous expliquer, disons que vous voulez apprendre à nager, que vous lisez des livres sur l'art de devenir un bon nageur, mais tant que vous ne sautez pas dans la piscine sous la direction d'un guide, le véritable sens de la natation n'a aucune valeur ni signification réelle.

Il faut goûter le fruit pour connaître son vrai goût, comme le dit le proverbe.

L'amour égoïste enraciné dans des désirs qui ne sont aucunement harmonieux est le plus néfaste, et si vous vous plongez dans l'acquisition de vos objectifs par la tromperie, la calomnie, et contre tout principe noble et éthique, vous feriez mieux de garder ce livre.

Ceux qui comprennent l'amour vivent en harmonie et il est naturel que ces individus attirent ce qu'ils ont voulu atteindre.

Le plus grand pouvoir d'attraction dans tous les sens du terme, qu'il s'agisse d'une relation, d'une affaire ou d'une amitié, est l'amour.

En tant qu'entrepreneur en herbe, n'oubliez pas que le pouvoir d'attraction de l'amour est incroyable : vous devez pratiquer la compassion et regarder votre entreprise se développer et prospérer.

 MILLIONNALEMENT

Pour réussir dans la vie, il est pertinent que, quoi qu'il arrive, vous ne forciez personne à réussir - évitez l'égoïsme, l'orgueil et n'imposez votre pouvoir à personne - c'est une erreur de le faire.

Il est crucial qu'en devenant riche, vous n'abusiez pas de votre "pouvoir" nouvellement acquis. Lorsque le pouvoir est utilisé correctement, sachez que vous avez atteint la gloire.

 MILLIONNALEMENT

Sentiments finaux

Ce livre est écrit pour vous permettre de discerner les pouvoirs latents innés qui dorment en chacun de nous.

Les personnes en quête d'opportunités ne peuvent pas vraiment se permettre de "choisir", mais doivent apprendre à tirer profit de chaque petite opportunité qui leur est offerte.

En tant que chercheur, saisissez les opportunités qui ont le potentiel de devenir une passerelle indispensable vers le succès : il s'agit de prendre des risques calculés, contrôlés, mesurés et informés.

 MILLIONNALEMENT

Les personnes fortunées ont créé leur propre carrière parce qu'elles croient vraiment au succès.

Ce sont des individus qui ne peuvent pas s'arrêter tant qu'ils n'ont pas réussi. Ils ne deviennent des combattants rebelles que pour atteindre leur objectif inébranlable - ce sont des guerriers disciplinés qui manient leurs armes de vérité, d'honnêteté, de sincérité, de compassion, de détermination, de puissance, de principe, de droiture, de sagesse, de foi, de confiance en soi, de créativité, de force et d'habileté pour atteindre les sommets par excellence.

La vie fonctionne strictement selon les lois incorrigibles de la nature. La raison en est d'établir l'efficacité, et dans le cadre de la loi, l'intellect rationnel de l'homme peut être développé pour une plus grande efficacité.

Ils sont déjà riches, cependant, faute de comprendre leurs puissantes qualités innées, ces attributs qui se trouvent en abondance n'ont pas trouvé le dynamisme nécessaire pour s'exprimer et se manifester.

Enfin, ne prenez pas la vie trop au sérieux. La vie est un voyage rendu possible pour nous tous, et si nous sommes prêts à nous donner la possibilité de grandir, alors la vie peut être une expérience merveilleuse. C'est très amusant, surtout lorsque vous suivez vos principes de gouvernance de manière religieuse.

Soyez heureux à tout moment, lorsque des difficultés surgissent, riez d'elles, et utilisez la force de volonté dynamique qui est en vous pour les combattre. Comme nous l'avons déjà mentionné, le corps et surtout l'esprit est un outil extraordinaire dont nous disposons.

L'état de tranquillité totale est possible et les preuves s'accumulent pour établir la grandeur atteinte par les gens ordinaires au

MILLIONNALEMENT

cours de l'histoire - il est temps pour vous d'utiliser les pouvoirs de votre esprit pour réaliser vos désirs.

www.ingramcontent.com/pod-product-compliance
Lightning Source LLC
Chambersburg PA
CBHW071355210526
45465CB00001B/107